国語教育シリーズ

ナンバ先生の
やさしくわかる論理の授業
―国語科で論理力を育てる―

難波博孝 著

明治図書

―新学習指導要領「情報と情報との関係」を見据えて―

　2017年告示の小学校・中学校学習指導要領の国語科には，[知識及び技能]の(2)「話や文章に含まれている情報の扱い方に関する」事項が新設され，その中に「情報と情報との関係」という項目が設定されました。

　「情報の扱い方」とか「情報と情報との関係」と聞くと，まるで流行しているICT関連の項目かなと思ってしまいます。しかし，内容を見るとそうではありません。そこには次のようなことが書かれています。

（小学校1・2年）
ア　共通，相違，事柄の順序など情報と情報との関係について理解すること。
（小学校3・4年）
ア　考えとそれを支える理由や事例，全体と中心など情報と情報との関係について理解すること。
（小学校5・6年）
ア　原因と結果など情報と情報との関係について理解すること。
（中学1年）
ア　原因と結果，意見と根拠など情報と情報との関係について理解すること
（中学2年）
ア　意見と根拠，具体と抽象など情報と情報との関係について理解すること。
（中学3年）
ア　具体と抽象など情報と情報との関係について理解を深めること。

こうしてみると，情報と情報との関係は，広い意味での論理（論理的関係）について述べていることがわかります（論理の様々な定義については，あとで詳しく述べます）。おそらく，「文と文」「語と語」「段落と段落」などに表れる関係をひとまとめにして表現したいために，「情報と情報との関係」という熟さない語句を使ったのだと思います（「論理」という語句を使うと，「文と文」や「語と語」との関係に使いづらいからかもしれません）。

学習指導要領に述べられた「情報と情報との関係」をまとめると，次のような表になります。

（小学校）

1年・2年	共通，相違，事柄の順序
3年・4年	考えと理由や事例 全体と中心
5年・6年	原因と結果

（中学校）

1年	原因と結果 意見と根拠
2年	意見と根拠 具体と抽象
3年	具体と抽象

こうして，2020年度から日本では，「情報と情報との関係」すなわち（広い意味での）論理（論理的関係）が，いよいよ教育の表舞台に登場するようになるのです。

さて，今までの日本の学校教育では，「論理」についてその重要性は叫ばれ，「論理の教育」も行われてはきました。例えば，「論理的思考力の育成」「論理力の育成」「論理的に考える子どもの育成」といったテーマや，「筋道立てて考える子どもの育成」などのような類似の言葉で表現されたテーマで，教育研究がされてきました。

　しかし，その肝心の「論理」が一体何か，また，その「論理」を教え学ぶにはどうすればいいかについては，それほど議論がされてきませんでした。特に，「論理を学ぶ」ためには，何をどうすればいいかわからないまま，「論理」を学習者に教え込むという，単純なインプットメソッドが横行しているところがあります。

　ここであらためて「論理」とは何か，「論理」を教える・学ぶとはどういうことなのかについて，考える必要があります。それらのことを踏まえて，「論理の教育」「論理教育の実践」を行うべきでしょう。

　私は2006年に，広島県三原市立木原小学校と共著で『楽しく論理力が育つ国語科授業づくり』（明治図書）を出版しました。幸いにしてこの本は，論理に関する理論と実践とが書かれた本としてよく読まれています。

　その後私は，2011年４月から2012年３月まで，雑誌『教育科学国語教育』（明治図書）に「これからの『論理』の話をしよう―今を幸せに生きるために―」を連載しました。本書は，この連載に加筆修正を加えたものです。イラストを入れ，また，現在の動向も織り込んで書いています。

　毎回の講義には，まとめと宿題がついています。まとめを読んでまだ理解不足だなと感じたらもう一度本文に戻りましょう。理解していたら宿題をやってみましょう。宿題をやってから次の講義を読むと，一層効果的です。

　本書を利用して「論理」についてより深く考えていただき，学習者に本物の「論理力」がつくように指導してくださることを願っています。

難波　博孝

--------------------------- 目　次 ---------------------------

はじめに―新学習指導要領「情報と情報との関係」を見据えて―

第1講
論理とは何か？

「論理」はどう定義する？　8／辞書の意味から考える　8／「論理」
には3つの意味がある　12

第2講
「見える論理」と「見えない論理」

「納豆はねばねばしているから嫌いだ」は「論理」？　14／「論理」
と「主張」はベツモノ　15／現実を知らないと「論理」が正しいか
はわからない　17／「見えない論理」を読み取っておかないと授業
が成り立たない?!　19

第3講
論理を紐解く見えないつながり

接続語があろうがなかろうが関係ない！　25／文と文の間にはさま
ざまな「見えないつながり」がある!!　26／「情報と情報との関係」
とは「見えないつながり」のこと　30

第4講
「文章の文脈」と「知識の文脈」がなければ
読解はできない！

教材全文にひみつが　34／全体がつかめなければ論理は読み取れな
い　37／既有知識は「見えないつながり」の解釈に役立つ？　38／発
達段階が大事なワケ　39

5

第5講

「見えないつながり」と文章構成

「思考力」＝「論理的な思考力」である 42／学習指導要領における
「論理」とは？ 43／何をつかめば「論理」がつかまえられる？ 45
／「読み取り」の前に求められる力 47

第6講

トゥルミンモデル最高？再考

トゥルミンモデルって何だ？ 50／誤解され続けていたトゥルミン
モデル 51／国語科教育におけるトゥルミンモデル 52／トゥルミン
モデルは万能ではない 54

第7講

三角ロジックにご用心！

トゥルミンモデルのストライクゾーンを見極めよ 58／三角ロジッ
ク（3点セット）の限界とは 59／納豆の三角ロジック 60

第8講

妥当性と納得はどんな関係？

三角ロジックで妥当性が高まるわけではない 66／食べたい"たこ
やき"が出てこない 66／妥当でなくても納得することがある?! 69
／納得の問い直しこそ学問だ 73

第9講

説得されるとはどういうことか

わかる・ワカル・wakaru 74／心変わりとファン心理 76／悪用禁
止の説得術 78／「論理的である」ことを区別する 79

第10講
教科書教材を論理的に分析する
基準とは学問ごとに変わるもの　82／小学校教材から論理的関係を読み取る　86／段落ごとに読む，の弊害　89

第11講
教材分析の肝
形式段落にとらわれすぎなのよ！　92／日常レベルでの論理性は？　93／「説得される」ための論理　96／「森林のおくりもの」の論理を子どもはどう捉えるか　98

第12講
論理力がつく授業づくり—説明文—
「森林のおくりもの」とはどのような文章か？　102／教科書教材とはどのような文章か？　104／教養に基づいた授業づくり　105／論理力がつく説明文の授業プラン　108

第13講
論理力がつく授業づくり—文学編—
論理力も大事だけれど　112／文学を読む力と論理力育成とのつながり　115／論理力がつく文学の授業プラン　121／論理力を育成するとは，自分の「考え方」を広げていくということ　123

おわりに

第1講

論理とは何か？

■「論理」はどう定義する？

　「論理」という言葉を聞くと，ある人はとても熱くなって語り出す，ある人は嫌な顔をして避ける，ということがありますね。また，「あの人は論理的だ」という言い方をした場合，「あの人は冷静だ」というプラスの評価もあれば，「あの人は冷たい人だ」というマイナスの評価も含まれていることもあります。

　そもそも，「論理」とは何か，というところで，自分の中でも，また，他人同士の会話でも，いろいろな意味で使ってしまって混乱しているということがあるようなのですね。

　これから「論理」の話をしていくうえで，まず決めておかなくてはいけないのは，「論理」の定義です。「論理」の定義をしておかないと話がぶれたり横道にそれたりするからです。

　とはいえ，用語の定義ほど難しい問題はありません。研究者によって，実践者によって，また，一般の人々によって，「論理」の意味は異なるでしょう。けれども，話を進めるうえでは，定義が必要です。ここで，「論理」を定義するために，インターネット辞書の旅へと出てみましょう。インターネット上にある簡単な辞書で「論理」という言葉の意味や，その意味を説明している言葉を追いかけてみるのです。そうすることで，私たちがもっている「論理」の複雑な意味の様子もわかります。

■辞書の意味から考える

　インターネット上の辞書である小学館デジタル大辞泉には，「論理」の意味として次のようなことが書いてあります。

論理とは何か？ ●第1講

［論理］
1　考えや議論などを進めていく筋道。思考や論証の組み立て。思考の妥当
　　性が保証される法則や形式。
2　事物の間にある法則的な連関。
3　「論理学」の略。

　このうちの，1と2を追いかけてみましょう。まず，簡単に書いてある2
から追いかけてみます。2の「連関」とは「つながり」ということでしょう
から，ここでは，「法則」という言葉を調べてみます。

［法則］
1　守らなければならない決まり。規則。おきて。
2　一定の条件下で，事物の間に成立する普遍的，必然的関係。また，それ
　　を言い表したもの。

　「法則」は，1では，「守らなければならない決まり」ということですので，
道徳的また法律的な意味合いが出ています。一方で，2では，事物と事物の
間に成立する必然的関係，ということになっています。
　先ほどの［論理］の2は，「事物の間にある法則的な連関」だったので，
［法則］の2があてはまるでしょう。事物どうしの間に成立する，こうなれ
ばこうなるという関係（これは因果関係と言い換えてもいいでしょう）のこ
とが［論理］2の意味のようです。これを「論理」の一つ目の意味として，
事物関係と呼んでおきましょう。

> 論理の意味［1］＝事物関係＝物事どうしの因果関係

　次に，［論理］1を見ていきます。まず「考えや議論などを進めていく筋
道」の「筋道」を辞書で見ます。

［筋道］
1　物事がそうなっているわけ。事の条理。道理。
2　物事を行うときの正しい順序。

　1の「わけ」というのは，「理由」とか「原因」ということですね。では，「条理」「道理」とは何でしょうか。これも調べてみましょう。

［条理］物事の筋道。道理。

　あら，戻ってしまいました。こういうことは辞書ではよくあることです。では，道理はどうなっているでしょうか。

［道理］
1　物事の正しいすじみち。また，人として行うべき正しい道。ことわり。
2　すじが通っていること。正論であること。また，そのさま。

　また「すじみち（今度はなぜかひらがな）」が出てきましたが，注意していただきたいのは，今度は「正しい」という言葉がついていることです。一方，［道理］1の後半には，「人として行うべき正しい道」という「倫理」的な事柄が出てきました。また，2を見ますと，「すじが通っていること」とあり，これは「筋道」のことでしょうが，その後ろに，「正論」と，また「正しい」という意味の言葉が出てきました。
　ここで［筋道］の2番に帰ると，こちらにも「物事を行うときの正しい順序」とあります。
　こうしてみると，［論理］1の「考えや議論などを進めていく筋道」とは，「考えや議論を進めていくための，正しい順序であり，それは正しい理由（わけ）でつながっているか，または，人として正しいかどうか（倫理的かどうか）ということである」となりそうです。

10

論理とは何か？ ●第１講

　正しいわけ（理由）でつながっているのを「議論的関係」，人としての正しさに基づいた関係を「倫理的関係」と呼んでおくと，論理はさらに次の２つの関係があることになります。

> 論理の意味［２］＝議論的関係＝正しい理由に基づいた関係

> 論理の意味［３］＝倫理的関係＝人としての正しさに基づいた関係

　今度は，［論理］１の後半，「思考や論証の組み立て。思考の妥当性が保証される法則や形式」に注目します。この前半に「論証」という言葉があるので，調べてみます。

［論証］ある与えられた判断が真であることを妥当な論拠を挙げて推論すること。

　つまり，人が物事を考えるときに，自分の判断（＝主張）が正しいことを，妥当な論拠（わけ）を挙げて考えるということです（妥当と正しさについては後で触れます）。これは，「論理」の２つ目の意味の「議論的関係」をより詳しく述べたもののようです。

> 論理の意味［２］＝議論的関係＝妥当な論拠とその主張との関係

　このことは，後半のさらに後半部「思考の妥当性が保証される法則や形式」ではっきりするでしょう。「法則」というのは先ほど見たように，「守らなければならない決まり」ということです。とすると，「思考の妥当性を保証するために守らなければならない決まり」となります。これは言い換えれば，論理の意味［２］で示した，「妥当な論拠とその主張との関係」という

11

ことになるでしょう。

■「論理」には３つの意味がある

こうしてみていくと，「論理」とは次の３つの関係が合わさったものとして，私たちは捉えているようなのです（そのことが辞書に反映しているといえます）。

論理の意味［１］＝事物関係＝物事どうしの因果関係
論理の意味［２］＝議論的関係＝妥当な論拠とその主張との関係
論理の意味［３］＝倫理的関係＝人としての正しさに基づいた関係

これらの例を挙げておきます。

論理の意味［１］の例
りんごを手から離したから，下に落ちた。
論理の意味［２］の例
教育の効果は統計のとり方によって様々に表れるから，教育の統計をとるのは無駄である。
論理の意味［３］の例
人は人を殺してはいけないから，人を殺したあなたは人として許さない。

この３つの関係には，全て因果関係が含まれています。だから，「論理」をとりあえず定義するのには，「因果関係」が最も適切だと言えます。

論理の（とりあえずの）定義＝因果関係

さて，このとりあえずの定義には，「正しさ」や「妥当性」という言葉がありません。というのは，「論理」の「正しさ」や「妥当性」は，最も難し

論理とは何か？●第1講

(1)　　　　　　(2)　　　　　　(3)
論理の意味

い問題だからです。このことについては，次回以後の講義で触れたいと思います。最後に，今回のまとめと宿題を載せておきます。

▍今回のまとめ▍

・「論理」には，3つの意味がある。
・「論理」のとりあえずの定義は，因果関係。
・「論理」の「正しさ」や「妥当性」は難しい。

宿題　「納豆はねばねばしているから嫌いだ」は「論理」でしょうか。「論理」なら，3つの意味のうちどれでしょうか。

第2講
「見える論理」と「見えない論理」

■「納豆はねばねばしているから嫌いだ」は「論理」?

宿題は,「『納豆はねばねばしているから嫌いだ』は『論理』か。『論理』なら,3つの意味のうちどれか」というものでした。前回を振り返りながら,考えてみましょう。

まず,「論理」とは何か,ということからおさらいします。本書では,「論理」は次のように定義しました。

論理の(とりあえずの)定義=因果関係

因果関係とは,「〜だから〜」あるいは「〜なぜなら〜」という関係ですから,「論理」も,「〜だから〜」「〜なぜなら〜」という関係のこととなります。

宿題にある「納豆はねばねばしているから嫌いだ」は,「〜だから〜」という関係になっているから,因果関係であり,つまりは,「論理」であるということができます。

「見える論理」と「見えない論理」 ●第2講

「納豆はねばねばしているから嫌いだ」は「論理」です。

「えぇー，私は，この『納豆はねばねばしているから嫌いだ』は『論理』と思わないよ！」という人は，自分の頭の中にある「論理」の定義を振り返ってみてください。きっと，本書のとりあえずの定義とは違う，あるいは，それよりも狭い定義にしているのではないでしょうか。

人と議論するときは，そこで使われる語句の定義が重要です。そして定義は，議論に合わせ，実用に合わせ，変えていけばいいのです。ですが，同じ土俵で話し合うために，定義は合わせておきましょう。

■「論理」と「主張」はベツモノ

では，「納豆はねばねばしているから嫌いだ」は，「論理」の3つの意味のうち，どれでしょうか。

「論理」の3つの意味とは，

論理の意味［1］＝事物関係＝物事どうしの因果関係
論理の意味［2］＝議論的関係＝妥当な論拠とその主張との関係
論理の意味［3］＝倫理的関係＝人としての正しさに基づいた関係

の，3つでした。この中のどれでしょうか。

まず，「納豆はねばねばしている」は，（これが正しいかどうかは別として）事実（物事）の表現です。それに対して「（私は納豆が）嫌いだ」は，発言した人の気持ち（物事ではない）を書いています。したがって，論理の意味［1］には当たりません。

また，「納豆はねばねばしている」は，人としての正しさの表現ではないでしょう。したがって，論理の意味［3］にも当たりません。

では，論理の意味［2］に当たるのでしょうか。

まず，「納豆はねばねばしている」は，「（私は納豆が）嫌いだ」の理由（論拠）となっています。また，「（私は納豆が）嫌いだ」は，その人の気持

15

ちを表しています。このような気持ちの表現は「主張」と言えるでしょうか。

　私は，言える，と考えます。なぜなら，すべての「主張」は，その人の気持ちを表しているからです。例えば，「東京都青少年健全育成条例改正」に私は反対である，というのは，その人の主張であるとともに，気持ちの表現でもあります（ただし，理由（論拠）が示されていないので「論理」ではありません）。

　主張の対象が，自分の好みであろうが，社会的な事象であろうが，自分の気持ちを表現したものが「主張」なのです。したがって，「主張」は全て主観的なものです。

　ただし，論理の意味［2］には，「妥当な論拠とその主張との関係」と書いてあります。「納豆はねばねばしている」は，「妥当な論拠」でしょうか。

　「妥当性」の問題は非常に難しい問題で，後の回の講義でも何度か触れようと考えています。ここでは，「妥当な論拠」を，「多くの人が現実世界において真実と受け入れることができる物事」としてみましょう。

　そうすると，「納豆はねばねばしている」は，多くの人が現実世界の中で真実と認める物事と私は考えますので，これは「妥当な論拠」ということになります。したがって，「納豆はねばねばしているから嫌いだ」は，論理の意味［2］の「論理」となるのです。

　ここで，「あれ？」と思った人がまたいるでしょう。「納豆はねばねばしているけど，私は好きだよ。どうして人によって考えが違う関係が，妥当といえるの？　それがどうして「論理」といえるの？」という思いです。

　ここで間違えてはならないのは，論理の意味［2］は「妥当な論拠とその主張との関係」であり，「論拠と主張の妥当な関係」とはなっていないことです。

　論理の意味［2］における「論理」の関係自体は，「正しい」ものでも「妥当な」ものでも「客観的なもの」でもありません。「妥当な論拠」によっているかどうかにかかっているのです。したがって，「納豆はぱさぱさして

いるから嫌いだ」は，（この現実世界における）「論理」ではありません（ただし，文学となると，また話が変わります。これも後の講義で触れます）。
　宿題の解答の解説が長くなりました。急いで，今回のお話に入りましょう。今回のお話は，「見える論理」と「見えない論理」です。

◾現実を知らないと「論理」が正しいかはわからない

　光村図書の小学1年の教材に，「じどう車くらべ」（平成27年度版）があります。その一部を見てみましょう。

(1) バスやじょうよう車は，人をのせてはこぶしごとをしています。
(2) そのために，ざせきのところが，ひろくつくってあります。
(3) そとのけしきがよく見えるように，大きなまどがたくさんあります。

　この文章の，(1)と(2)の関係は「論理」でしょうか。そして，論理の意味［1］〜［3］のうちのどの「論理」でしょうか。

まず，(1)と(2)の間には，「そのために」という接続語があります。これは，「だから」と同義の順接の語句です。また，(1)は，「バスやじょうよう車は，人をのせてはこぶしごとをしている」という「物事」を表していますし，(2)は，「ざせきのところが，ひろくつくってあります」という「物事」を表しています。

　ところで，この両者の物事は，現実世界の「物事」と言えるでしょうか。それを確かめるには，文章の世界だけにとどまっていてはいけません。現実を知る必要があります。私たちの現実世界では，実際にバスや乗用車は人を乗せて運びますし，トラックと比べて，座席も広くなっています。

　ですから，(1)も(2)も，私たちの現実世界の「物事」を表しており，したがって，(1)と(2)は論理の意味［１］の「論理」と言えるのです。つまり，その文章が（「論理の意味［１］」の）「論理」かどうかは，文章を見ているだけではわからない，現実世界を見てみなくてはわからない，ということです。「論理の教育」は，文章に閉じこもっていてはできないことを明記しておき

「見える論理」と「見えない論理」●第2講

たいと思います。

■「見えない論理」を読み取っておかないと授業が成り立たない⁈

さて，この「はたらくじどうしゃ」とたいへんよく似た教材があります。
それは，東京書籍1年生の教科書にある，「いろいろなふね」という説明文
教材です。その一部分を引用してみます。

(5) きゃくせんは，たくさんの人をはこぶためのふねです。

(6) このふねの中には，きゃくしつやしょくどうがあります。

(7) 人は，きゃくしつで休んだり，しょくどうでしょくじをしたりします。

この中の(5)と(6)の関係は「論理」でしょうか。

そのことを考えるために，この教材でよく行われる授業の流れから考えて
みましょう。

私がよく見た授業は，(1)に「やくめ」（あるいは「しごと」）(2)に「せつ
び」（あるいは「あるもの」）(3)に「すること」というラベリングを行い，他
の部分もそのラベリングに当てはめて読んでいき，最後には，「やくめ」「せ
つび」「すること」という3文で，自分で調べた乗り物などで作文を作るも
のです。

ところで，この授業の最後の作文で，ある子どもが次のような作文を作り
ました。

(8) トラックは，にもつをはこぶためのくるまです。

(9) トラックの中には，ハンドルがあります。

(10) 人は，ハンドルでうんてんします。

先生はあわてて，「(9)にはトラックにあるものを書くのよ」と言ったので

19

すが子どもは納得しません。子どもは先生の授業に忠実に，(8)に「やくめ」(9)に「せつび」(10)に「すること」を割り当てて書いたからです。

このような作文を子どもが書くようになってしまったのは，(5)と(6)の関係を「論理」（ここでは，「物事どうしの因果関係」という論理）の意味［１］の「論理」と教師が見抜けなかったからなのです。

(5)〜(7)は，単に「きゃくせん」の「やくめ」「せつび」「すること」を述べていることでつながっているだけではありません。(6)には，(5)に書かれている「やくめ」に関係している「せつび」が書かれていますし，(7)の「すること」は，(5)や(6)と関係することが書かれているのです。

話を(5)と(6)にしぼって考えてみます。(5)と(6)との間に接続詞を入れてみましょう。

(5)　きゃくせんは，たくさんの人をはこぶためのふねです。
（だから）
(6)　このふねの中には，きゃくしつやしょくどうがあります。

つまり，(5)〜(6)は，「だから」の関係，つまり，「論理」が隠れていたのです。同じことを，(8)と(9)でやってみましょう。

(8)　トラックは，にもつをはこぶためのくるまです。
（だから？）
(9)　トラックの中には，ハンドルがあります。

何か変ですね。トラックにハンドルがあるのは確かだけど，にもつをはこぶためにあるのではないですよね。ですから，(5)〜(6)と(8)〜(9)は，同じ関係にはないのです。

論理の意味［１］の「物事どうしの因果関係」では，２つの物事の間に，因果関係が認められないと，「論理」にはなりません。(5)〜(6)の場合，「たく

20

さんのひとをはこぶ」という物事と「きゃくしつ」「しょくどう」があるという物事とは因果関係が認められるので「論理」となりますが，(8)～(9)の場合，「にもつをはこぶ」ために「ハンドル」がトラックにあるわけではなく，因果関係が認められないので，(8)～(9)は，「論理」ではないのです。

　(1)と(2)の間には，「そのために」という接続語がありました。このような接続語（接続詞や接続助詞（～から）など）があってはっきりわかる「論理」を「見える論理」，(5)と(6)のように，接続語のような目印がない「論理」を「見えない論理」と呼ぶことにします。
　「論理」を読み取る際には，「見える論理」はもちろん「見えない論理」も読み取ることが重要です。(5)～(7)の文章を「論理的」に読み取るときには，ただ，「やくめ」「せつび」「すること」とラベリングするだけではなく，文と文との間の「論理」（「見える論理」「見えない論理」）も捉えないといけないのです。

しかし，ここでみなさんは疑問に思うことがあるでしょう。本当に(5)と(6)の間には，「論理」があるのか，そこに「論理」があるとどうして言えるのか，こういった疑問です。では，そのことを宿題にしましょう。最後にまとめと宿題を載せておきます。

▌▌今回のまとめ▌▌

- ・人と議論するときは，定義を合わせること。
- ・論理の意味［2］の「主張」は主観的であること。
- ・論理の意味［2］の「妥当な論拠」とは「多くの人が真実と受け入れる物事」であること。
- ・論理の意味［1］の「論理」は，物事どうしの因果関係が認められないと，「論理」とはいえないこと。
- ・論理の教育のためには文章に閉じこもらないこと。
- ・「見える論理」と「見えない論理」があること。

宿題　(5)～(6)が「論理」（「見えない論理」）という難波の主張に反対の意見を，根拠をもって述べてみましょう。そのうえで，難波がなぜそのように考えるのかの根拠も考えてみましょう。

第3講

論理を紐解く見えないつながり

　さっそく，前回の宿題について考えてみましょう。宿題は，「(5)～(6)が「論理」（「見えない論理」）という難波の主張に反対の意見を，根拠をもって述べてみましょう。そのうえで，難波がなぜそのように考えるのかの根拠も考えてみましょう」というものでした。

　(5)～(6)というのは，

(5)　きゃくせんは，たくさんの人をはこぶためのふねです。
(6)　このふねの中には，きゃくしつやしょくどうがあります。

という文章でした。

　私は，前回の講義で，この(5)～(6)が「論理」でつながっているとしました。その根拠は，次のように，接続語を入れることができるからでした。

(5)　きゃくせんは，たくさんの人をはこぶためのふねです。
（だから）
(6)　このふねの中には，きゃくしつやしょくどうがあります。

　そして，(5)と(6)のように，接続語のような目印がない「論理」を「見えない論理」と本書では呼ぶことにしたのでした。

　このような考えについての反論を考えたうえで，私がそれでも(5)～(6)のつながりを「論理」となぜ考えるのか，その根拠を考えていただくのが宿題でした。

論理を紐解く見えないつながり ●第3講

■接続語があろうがなかろうが関係ない！

　まず、反論から考えてみましょう。考えられる反論を列挙し、それについての私の考えを述べていきます。

　もう一度、(5)〜(6)を載せておきます。

(5)　きゃくせんは、たくさんの人をはこぶためのふねです。

(6)　このふねの中には、きゃくしつやしょくどうがあります。

　まず、(5)〜(6)には接続語がそもそもないのだから、これは「論理」でつながっていない、という反論です。

　ただ、この反論は、本書における「論理」の考え方からして、明らかに間違っています。

　本書では、「論理」の定義は、「因果関係」としました。接続語があろうがなかろうが、そこに「因果関係」が認められれば、それは「論理」です。接続語の有無は「論理」の定義とは無関係なのです。

　しかし、現在の国語科授業の研究や現場では、このような、議論が未だに横行しています。

　論理的思考力の育成をねらう実践や研究の中に、（論理的思考力が因果関係を捉える力に限定しているかもっと広く捉えているかは別として）接続語を読み取ったり、接続語が使えることが、論理的思考力の育成であるという論調があるものがあります。これらの論調は、私が以前唱えた、「言葉主義」の病に陥っています。つまり、目に見える表面の言葉だけを教えればいいという、浅はかな考え方です。

　そもそも、因果関係は目に見えないものです。だから、「論理」も目に見えないものです。「論理」をわかりやすくするために、たまたま、「だから」などの接続語を入れているにすぎません。

　「だから」や「なぜなら」は「論理」をわかりやすく示す語ではありますが、それがあろうがなかろうが、そこに「因果関係」があれば「論理」なの

25

です。

　ここではっきりと確認しておかなくてはいけないのは，「論理」は頭，つまり思考の中にあるものである，ということです。言葉と「論理」は，別物，ということです。

　2017年に告示された小学校・中学校の学習指導要領には，「はじめに」で述べたように「情報と情報との関係」という項目が入りました。文と文とや段落と段落の間には，接続語の有無とは関係なく「情報と情報との関係」というものがあり，それを学んでいくのだという提案は，本書の考えと軌を一にするものです。

　ただし，というか，だからこそ，というべきですが，書くときや話すときは，「だから」などの接続語を入れて，明確に「論理」を表現したほうがいいのです。つまり，「論理」を見えるかたちで明確にするのです（これを前回の講義では「見える論理」と呼びました）。

　言葉と「論理」は別物だからこそ，言葉を使って「論理」を積極的に表現するのです。ただ，全ての「論理」を見える形にすることは不可能です。読むときや聞くときは，「見えない論理」をつかみ取る力が必要なのです。

■文と文の間にはさまざまな「見えないつながり」がある‼

　さて，(5)〜(6)に接続語がないから「論理」ではない，という反論は成り立たないことがわかりました。それでは，次のような反論はどうでしょうか。

　(5)と(6)の間には，「だから」以外の接続語を入れることができる。だから，「論理（＝因果関係）」がここにあると断定的には言えない。

　この反論を確かめてみましょう。

　(5)　きゃくせんは，たくさんの人をはこぶためのふねです。
（そして／例えば）
　(6)　このふねの中には，きゃくしつやしょくどうがあります。

26

確かに，(5)と(6)の間に「そして」や「例えば」を入れてもおかしくありません。こうすると，(5)で客船の概観を述べて，(6)で客船の詳細を述べていく流れになります。つまり，「概観―詳細関係」をそこに見ることが可能である，ということなのです。

　実は，この反論には，大きな根拠があります。文と文との間には，たとえ接続語などがなくても，次のような関係があると言われているからです。（このことは，「はじめに」で触れた，学習指導要領国語にある「情報と情報との関係」にも例示してあります）。

① （時間的空間的）順序関係
　(1)　目が覚めた。
　(2)　布団から出た。

　(1)と(2)の間には，接続語がなくても私たちは時間の順序を感じますよね。あるいは，

手前にはチューリップがあります。
パンジー、桜草と続きます。

(3) 手前にはチューリップがあります。
(4) パンジー，桜草と続きます。

(3)〜(4)と並ぶと，「それから」という接続語がなくても，目の前から向こうにかけて「チューリップ，パンジー，桜草」と広がっていると感じます。
　このように，2文の間に私たちは，時間的順序や空間的順序という関係を，接続語がなくても読み取ることもできるのです。

② 一般―具体／概観―詳細関係
(7) ミルクはいろいろなものにミラクルに変身します。
(8) ミルクのミラクルの一つは，バターです。

私たちが(7)〜(8)を読むと，ミルクのミラクルはいろいろあり（一般），その具体の姿の一つがバターなんだなと理解します。「たとえば」といった接続語がなくても，そのように理解できることに注目してください。あるいは，

(9) 手のひらをよく見てみましょう。
(10) たくさんの筋が見えますね。

(9)〜(10)には，「手のひら（概観）」―「筋（詳細）」という関係を，接続語がなくても読み取ることができるでしょう。

③ 類比／対比関係
(11) 私は中年だ。
(12) 私はおじさんである。

(11)〜(12)と並べると，接続語がなくても，同じことを違う言葉で繰り返して強調しているのだなというように読み取れます。まるで「つまり」という接続語があるように受け取るのです。これが類比関係です。また，

(13) 私は中年だ。
(14) 私はK-POPが好きだ。

⒀〜⒁と並べると、この間に「しかし」がまるであるように理解する、つまり対比関係として読み取ることができるのです。

④　論理（＝因果関係）
　そして、本書で焦点を当てている「論理」も同じです。「だから」のような接続語がなくても、そこに私たちは「論理」を読み取ることができるのです。「論理」の一つである、「事物関係」（論理の意味［１］）の例を挙げておきましょう。

⒂　車が衝突した。
⒃　フロントガラスがこなごなに壊れた。

　⒂と⒃の間に「だから」がなくても、私たちは⒂に「原因」⒃に「結果」という「事物どうしの因果関係」を読み取ることができます。

■「情報と情報との関係」とは「見えないつながり」のこと
　以上のように、私たち人間は、接続語がない２つの文を読んだり聞いたりしたとき、そこに何らかの関係を読み取ってしまう、正確に言えば、頭の中

で作ってしまうようにできています。

　その関係が，①（時間的空間的）順序関係，②一般─具体／概観─詳細関係，③類比／対比関係，④論理（＝因果関係）であるということなのです（もっと他にもあります。詳しくは，難波博孝（2008）参照）。

　このような，言葉に現れず私たちの頭の中にできあがる２文の関係を，難しい言葉ですが，「結束性（＝coherence）」といいます。ただ，この言葉は難しいので，本書では，「見えないつながり」と呼ぶことにしましょう。「見えない論理」は「見えないつながり」の一種です。というよりも，「論理」そのものは「見えないつながり」の一種なのです。そして，**この「見えないつながり」を捉えることは，読むことや聞くことにおいて大変重要なのです。**

　「はじめに」では，2017年告示の学習指導要領の国語科に出てくる「情報と情報との関係」を見ました。ここで表を再掲しておきます。

（小学校）

1年・2年	共通，相違，事柄の順序
3年・4年	考えと理由や事例 全体と中心
5年・6年	原因と結果

（中学校）

1年	原因と結果 意見と根拠
2年	意見と根拠 具体と抽象
3年	具体と抽象

見ていただくとわかるように，この表に出てくる「情報と情報との関係」
は，みごとに「見えないつながり」に当てはまっています（「全体と中心」
と「概観と詳細」は言葉は違いますが，おおよそ中心≒概観　全体≒詳細
だと考えます）。このように，学習指導要領でも「見えないつながり」を
「情報と情報との関係」として，明確に指導事項として示すようになったの
です。

　さて，再び(5)～(6)に戻りましょう。

　(5)　きゃくせんは，たくさんの人をはこぶためのふねです。
　(6)　このふねの中には，きゃくしつやしょくどうがあります。

　私は，(5)と(6)は，「見えないつながり」の一種である「論理」としました。
一方で，先ほどの反論にあったように，同じ「見えないつながり」の中の
「概観―詳細」として見ることも可能だとも考えました。一体どちらなので
しょうか。そして，その決め手は。
　ここは，前回の宿題の後半部分に当たります。今回は，ここが答えられま
せんでしたので，改めて後半部分を宿題にしてもう一度みなさんに考えても
らいましょう。今回のまとめと合わせて載せておきます。

［参考文献］
難波博孝（2008）『母語教育という思想』世界思想社

論理を紐解く見えないつながり ● **第3講**

▌▌今回のまとめ▌▌

・文章理解は，表面の言葉だけではだめであること。

・文章には「見えないつながり」があり，それを捉えることが重要であること。

・「見えないつながり」には，「順序関係」「一般―具体／概観―詳細関係」「類比／対比関係」「論理」などがあること。

・新学習指導要領の「情報と情報との関係」は「見えないつながり」を表していること。

宿題	(5)～(6)が「見えないつながり」のうちの，「論理（＝因果関係）」なのか「概観―詳細関係」なのか。そして，決定する根拠は何なのでしょうか（ヒント：「いろいろなふね」教材全文を読んでみましょう）。

33

第4講

「文章の文脈」と「知識の文脈」がなければ読解はできない！

■教材全文にひみつが

さっそく，前回の宿題について考えてみましょう。

宿題は「(5)～(6)が，『見えないつながり』のうちの，『論理（＝因果関係）』なのか『概観―詳細関係』なのか。そして，決定する根拠は何か。（ヒント：「いろいろなふね」教材全文を読んでみましょう）」でした。

もう一度，(5)～(6)を示しておきます。

(5)　きゃくせんは，たくさんの人をはこぶためのふねです。

(6)　このふねの中には，きゃくしつやしょくどうがあります。

前回の文章では，この(5)～(6)が，「見えないつながり」をもっていることを述べました。つまり，この２つの文は無意味につながっているのではなく，接続語がなくても「見えないつながり」でつながっているのです。

そしてその「見えないつながり」のうち，「論理」なのか「概観―詳細関係」なのかということを宿題にしました。言い換えれば，「だから」の関係なのか「そして／詳しく言うと」の関係なのか，ということです。

接続語がないから，「論理」なのか「概観―詳細関係」なのか決め手に欠けるはずですよね。そのヒントとして，「いろいろなふね」教材全文を読んでみましょう，としました。

ここで，「いろいろなふね」の全文を掲載しておきます。便宜上，記号をおおきなまとまりごとにつけています。

----------------------- 「文章の文脈」と「知識の文脈」がなければ読解はできない！ ●**第4講**

いろいろなふね

(A)　ふねには，いろいろなものがあります。

(B)　きゃくせんは，たくさんの人をはこぶためのふねです。このふねの中には，きゃくしつやしょくどうがあります。人は，きゃくしつで休んだり，しょくどうでしょくじをしたりします。

　　フェリーボートは，たくさんの人とじどう車をいっしょにはこぶためのふねです。このふねの中には，きゃくしつや車をとめておくところがあります。人は，車をふねに入れてから，きゃくしつで休みます。

　　ぎょせんは，さかなをとるためのふねです。このふねは，さかなのむれを見つけるきかいや，あみをつんでいます。見つけたさかなをあみでとります。

　　しょうぼうていは，ふねの火じをけすためのふねです。このふねは，ポンプやホースをつんでいます。火じがあると，水やくすりをかけて，火をけします。

(C)　いろいろなふねが，それぞれのやく目にあうようにつくられています。

　全文を見てわかるように，(B)は４段落とも３文でできており，その３文が「やく目」「つくり」「人がすること」でできています。宿題は，この「やく目」と「つくり」が「論理（因果関係）」なのか「概観―詳細関係」なのかを考えてもらう，ということになります。

　では，この２つの違いを，「トラック」を例に考えてみましょう。

「論理」
(1)　トラックは，にもつをはこぶための車です。
(2)　この車には，荷台があります。

35

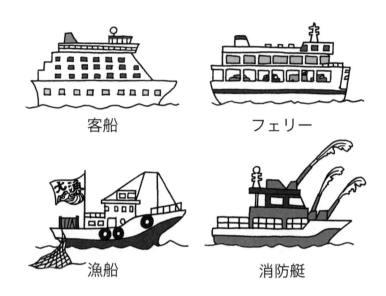

客船　　　　　フェリー

漁船　　　　　消防艇

「概観─詳細関係」
(1)　トラックは，にもつをはこぶための車です。
(3)　この車には，ハンドルがあります。

　この2つを比べてわかるように，「論理」は，トラックのやく目のあとに，そのやく目に関連しているつくりを述べている一方で，「概観─詳細関係」は，トラックのやく目を述べた後，トラックを詳しく見てそこにあるつくりを述べています。どちらもありうる文章です。
　(5)～(6)は，このどちらなのでしょうか。
　その決め手は，最後のまとまりにある文(C)にあります。

(C)　いろいろなふねが，それぞれのやく目にあうようにつくられています。

　この文の中にある「それぞれのやく目にあうようにつくられる」という部

分に注目しましょう。ここを見ると,「つくり」は「やく目」に合うものでなければならないことがわかります。ここの「あう」というのは,「このやく目だからこのつくりが『あう』のだ」ということでしょうから,論理,すなわち,因果関係であることがわかります。つまり,(5)と(6)の「見えないつながり」は,「論理」でなければならないのです。

荷台があります　　　　ハンドルがあります

■全体がつかめなければ論理は読み取れない

　このように,「論理」か「概観―詳細関係」かは,文章全体を見なくてはわからないということ,言い換えれば「文章の文脈」によらなければはっきりしないということがわかりました。
　「文章の文脈」とは,文字通り文章全体の流れ,ということです。「いろいろなふね」でわかるように,ある部分の「見えないつながり」を決める部分が,文章の他の部分にあることがよくあります。部分だけを見ていては,文章の解釈はできないこと,「文章の文脈」が解釈の決め手になることがわかります。
　文章の「見えないつながり」を読むためには,「文章の文脈」全体を見通して,そこから部分の解釈に必要なところをひっぱり出すことができなくて

はいけません。

　そのときに重要な手がかりとなるのは，文章構成です。文章の「はじめ」や「おわり」には，「なか」を解釈するためのヒントが隠されています。「いろいろなふね」もそうでした。「はじめ」や「おわり」にある情報を頭に入れて，「なか」の部分を解釈する必要があるのです。

■既有知識は「見えないつながり」の解釈に役立つ？

　ところで，「見えないつながり」の解釈を決める決め手は，「文章の文脈」しかないのでしょうか。そうすると，この「いろいろなふね」を読むときは，最後の(C)まできて，ようやくつながりがわかる文章だということになります。決め手は，ほんとうに「文章の文脈」しかないのでしょうか。

　もう一度，トラックの例である，(1)〜(2)，(1)〜(3)を見てください。このとき私は，これらを前後の「文章の文脈」なく示しました。にもかかわらず，ほとんどの読者の方は，(1)〜(2)が「論理」，(1)〜(3)が「概観—詳細関係」ということがわかったのではないでしょうか。それはなぜでしょう。

　それは，読者のみなさんが，「『荷台』が荷物を運ぶための場所である」ことを知っており，一方「『ハンドル』は荷物を運ぶ事自体には関係ない」ということを知っているからです。

　つまり，知識があるから，2組の文章を区別することができたということなのです。これを，「知識の文脈」と呼んでみましょう。

　「知識の文脈」とは，読み手の頭の中にある既有知識が活性化し，文章を読むときに役立っている状態になっているものです。

　「荷台」が「荷物を運ぶところ」という既有知識がないと，「知識の文脈」は働きません。しかし，それだけではなく，文章を読んでいるときに，その既有知識が活性化した状態にないと，文章の解釈には役立たないのです。

　「荷台」という言葉を知ってはいても，頭の中で「トラック」や「荷台」が活性化していなくては，(1)〜(2)が「論理」としてつながってるとは読めないのです。

「文章の文脈」と「知識の文脈」がなければ読解はできない！ ●第4講

■発達段階が大事なワケ

　このことを踏まえて，もう一度(5)〜(6)を見てみましょう。読者の皆さんは，「きゃくせんがたくさんのひとをはこぶためのふねであり，たくさんの人がやすんだりしょくじをしたりするための，きゃくしつやしょくどうがある」ことを知っていることでしょう。だから，この(5)〜(6)は，前後の文章の文脈（「文章の文脈」）がなくても，「知識の文脈（既有知識）」だけで，「論理」と判断できます。また，「文章の文脈」も「知識の文脈」もどちらも，「論理」であることを示しているので，この文章を無理なく私たちが捉えることができるのです。

　では，この文章が対象としている小学校1年生はどうでしょうか。

　1年生の子どもがはじめて(5)を読んだとき，頭の中でどんなことを思い浮かべるでしょう。まずほとんどの子どもは「きゃくせん」に乗ったことがないでしょう。子どもたちが乗ったことがあるのは，フェリーや高速艇，遊覧船のようなものでしょう。これらも多くの人を乗せるふねにちがいはありません。ところが，これらのふねは，きゃくせんとちがい，（長距離のフェリーを除き）きゃくしつらしいきゃくしつが少なく，しょくどうにいたってはほとんど備えられていないのです。

きゃくせんに乗ったことがある子どもや，きゃくせんについて本で知っている子どもを除いて，(5)を読んだ小学校1年生の子どもは，きゃくせんを知っていても（既有知識があっても），その知識が活性化するとは限らず，したがって，きゃくせんについての「知識の文脈」が生まれるかどうか怪しいのです。

　そうなると，大部分の子どもは，(5)の次に「だから」を頭の中で置けなくなります。だって，きゃくせんについて詳しくは知らないのですから。

　だから，授業で「だから」を挿入させるような学習をしていないと，単なる「概観─詳細関係」で捉えてしまっているかもしれないのです。

　「見えないつながり」を捉えるために，「論理」を捉えるために，既有知識は必要です。その文章が前提としている知識をもたなくてはいけません。それだけではなく，文章を読むときには，その既有知識を活性化させておかなくてはいけないのです。

　(5)〜(6)が「論理」である根拠は，「文章の文脈」と「知識の文脈」にありました。しかしいずれも，読み手が気づかなくてはいけないものでした。ここに，読み手の読解力があります。つまり，**読解力とは，文章自体の意味解釈に加えて，それに関係する「文章の文脈」と「知識の文脈」とを活性化させることができる力のことなのです。**

「文章の文脈」と「知識の文脈」がなければ読解はできない！ ●**第4講**

┃┃今回のまとめ┃┃

・「論理」を解釈するためには，「文章の文脈」と「知識の文脈」が重要
であること。
・「文章の文脈」を捉えるためには，文章構成が重要であること。
・「知識の文脈」を働かせるためには，既有知識をもつだけはなく，そ
れを活性化させる状態にするのが重要であること。
・「読解力」とは文章自体の意味解釈と，それに関係する「文章の文脈」
と「知識の文脈」とを活性化させることができる力のことである。

宿題	「論理」をつかむためのヒントとなる「文章の文脈」を捉えるために，私たちは何をするべきか。「いろいろなふね」で考えてみましょう。

41

第5講

「見えないつながり」と
文章構成

■「思考力」＝「論理的な思考力」である

　今回はまず，最近話題になっている「思考力・判断力・表現力」と「論理」の関係についてお話しましょう。

　2017年告示の新学習指導要領の総則では「思考力・判断力・表現力」について，こう述べています。

> 　基礎的・基本的な知識及び技能を確実に習得させ，これらを活用して課題を解決するために必要な思考力，判断力，表現力等を育むとともに，主体的に学習に取り組む態度を養い，個性を生かし多様な人々との協働を促す教育の充実に努めること。

　また，別のところでは，

> 　各教科等において身に付けた知識及び技能を活用したり，思考力，判断力，表現力等や学びに向かう力，人間性等を発揮させたりして，学習の対象となる物事を捉え思考することにより，各教科等の特質に応じた物事を捉える視点や考え方（以下「見方・考え方」という。）が鍛えられていくことに留意し，児童が各教科等の特質に応じた見方・考え方を働かせながら，知識を相互に関連付けてより深く理解したり，情報を精査して考えを形成したり，問題を見いだして解決策を考えたり，思いや考えを基に創造したりすることに向かう過程を重視した学習の充実を図ること。

とあります。つまり，授業においては，「各教科等の知識・技能」とともに

「思考力，判断力，表現力等」を駆使して，学習者主体の課題解決的な活動を行うということです。

では，その「思考力・表現力・判断力」とは何でしょうか。このうちの，「思考力」については，2008年告示の学習指導要領の国語科の，国語科の目標に明確に書かれています。

> 思考力や想像力とは，言語を手掛かりとしながら論理的に思考する力や豊かに想像する力である。

つまり，思考力は，論理的な思考力のことなのです。また，同じく2008年告示の学習指導要領の国語科にある改訂の趣旨には，国語科の役割として，

> 言葉を通して的確に理解し，論理的に思考し表現する能力，互いの立場や考えを尊重して言葉で伝え合う能力を育成すること

とあります。ということは，表現力も，論理的表現力が重要な要素であるといえます。

ここまで見たように，全ての教科／領域における，「課題解決活動」には，「論理的思考力」と「論理的表現力」（と「判断力」。これについては本書では詳しく触れません）が必要だし，「課題解決活動」によってこれらが育まれるということになります。

■学習指導要領における「論理」とは？

それでは，学習指導要領などの文科省の考えでは，「論理」とは何でしょうか。これは明確な定義が見えないのですが，私自身が分析した論文を参考に述べたいと思います（難波2009，webもあります）。私が考察した結果をまとめたのが次のものです。

(1) 「論理」とは文章（言語）そのものではないこと。また，「論理」が言語化したものが「構成」や「展開」と言われるものであること（しかも，「論理」的ではない「構成」や「展開」がありうること）。

(2) 「論理」とは，読者が構築する「意味」や筆者の「意図」あるいは文章の背後にある「意味」に近いもので，何らかの「関係」を表すこと。

　これを見ると，学習指導要領のいう「論理」とは，第3講のときに示した「見えないつながり」と同じものであることに気づきます。このことが，2017年告示の小・中学習指導要領の「情報と情報との関係」に反映したのでしょう。

　ここまでをまとめれば，全ての教科・領域における「課題解決活動」には，言語の「見えないつながり＝『情報と情報との関係』（『順序関係』『一般―具体／概観―詳細関係／中心―全体関係』『類比／対比関係』『因果関係』）」を捉える力（論理的読解力）と考える力（論理的思考力），「見えないつながり＝『情報と情報との関係』」を表現する力（論理的表現力）が必要であり，また「課題解決活動」によってこれらが育まれるということになるというわけです。

　本書では，この「見えないつながり」の中でもとりわけ重要な「因果関係」を「論理」と捉え，話を展開しています。

　あらゆる教科・領域における言語活動には，「論理」すなわち「因果関係」をはじめとする，「見えないつながり」を捉え考え表現することが重要です。具体的には，文章の中の「論理」をどうやって捉えるか，頭の中の思考をどうやって「論理」的にするか，どうやって「因果関係」を文字や音声として表現していけばいいか，ということなのです。

　私は，「読解力」の基盤には（文学教材でも説明文教材でも）「見えない因果関係」（すなわち「見えない論理」）をつかむ力が必要であると考えていま

す。「見えない論理」をつかむことが、文章と「文章の文脈」や「知識の文脈」とをつないでくれると考えるのです。

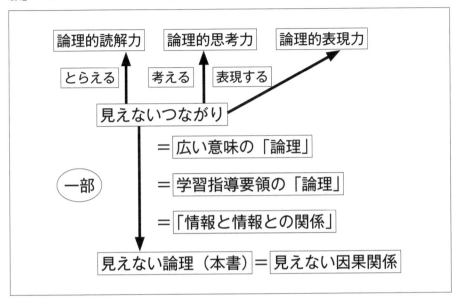

■何をつかめば「論理」がつかまえられる？

以上のことを踏まえて、前回の宿題について考えてみましょう。宿題は、

> 「論理」をつかむためのヒントとなる「文章の文脈」を捉えるために、私たちは何をするべきか。「いろいろなふね」で考えてみよう。

でした。

前回の講義で明らかにしたように、「論理」をつかむためには、「文章の文脈」と「知識の文脈」が重要でした。このうち宿題では「文章の文脈」の何をつかめば、「論理」がつかめるか、考えてもらいました。

ここで、再度「いろいろなふね」の全文を挙げます。

いろいろなふね

(A)　ふねには，いろいろなものがあります。

(B)　きゃくせんは，たくさんの人をはこぶためのふねです。このふねの
中には，きゃくしつやしょくどうがあります。人は，きゃくしつで休
んだり，しょくどうでしょくじをしたりします。
　　フェリーボートは，たくさんの人とじどう車をいっしょにはこぶた
めのふねです。このふねの中には，きゃくしつや車をとめておくとこ
ろがあります。人は，車をふねに入れてから，きゃくしつで休みます。
　　ぎょせんは，さかなをとるためのふねです。このふねは，さかなの
むれを見つけるきかいや，あみをつんでいます。見つけたさかなをあ
みでとります。
　　しょうぼうていは，ふねの火じをけすためのふねです。このふねは，
ポンプやホースをつんでいます。火じがあると，水やくすりをかけて，
火をけします。

(C)　いろいろなふねが，それぞれのやく目にあうようにつくられていま
す。

　ここで捉えさせたい（＝学習目標）「論理」は，「ふねのやく目（原因）→
ふねのつくり（結果）」という「論理」です。ここには，接続語（「だから」
など）が入っておらず，「論理」が見えなくなっています。この「見えない
つながり」を捉えるために，文章の文脈のどの部分を証拠として使えばいい
か，ということです。そしてできればその証拠を，他の文章でも使えるよう
にしたいのです。
　ここで最も重要な証拠は，前講でも指摘したように，(C)の「いろいろなふ
ねが，それぞれのやく目にあうようにつくられています。」です。ここで，
「ふねがやく目にあうようにつくられている」ことがわかります。ここから，

46

「見えないつながり」と文章構成 ●第5講

「ふねのやく目→ふねのつくり」という因果関係がわかります。この証拠を(C)，つまり「おわり」の部分でつかむ必要があります。

　しかも，この「ふねのやく目→ふねのつくり」の関係を前にさかのぼって(B)（「なか」）に適用しなければなりません。そのうえで，(B)のそれぞれのふねの記述のどの部分が「やく目」であり「つくり」であるかを見抜かなければなりません。

　こうして，ふねの各説明の部分に，ふねのやく目（原因）→ふねのつくり（結果）という「見えない論理」があることがわかるのです。

■「読み取り」の前に求められる力

　しかし，このような「読み取り」をする前に，わかっていなくてはならないことがいくつかあります。

　まず，この文章が「はじめ」「なか」「おわり」の3つでできているということです。

　また，その関係が「はじめ」（一般）―「なか」（具体）―「おわり」（一般）という，「見えないつながり」でできているということも見抜かなくてはいけません。そうしないと，(C)の「おわり」の「論理」（一般）が，(B)（「具体」）に適用できるということがわからないのです。

　さらに，「なか」のふねたちは，全てが(C)の具体例であり，同じ位置に並んでいるということもわからなくてはいけません。つまり，

(一般)	(具体)	(一般)
「はじめ」	「なか」1「きゃくせん」	「おわり」
	「なか」2「フェリーボート」	
	「なか」3「ぎょせん」	
	「なか」4「しょうぼうてい」	

という構造になっているということであり，決して「きゃくせん」→「フェ

リーボート」→「ぎょせん」→「しょうぼうてい」という順序性は重要ではないのです。

　この構造がはっきりわかる言葉があります。それは，題名と「はじめ」「おわり」にある，「いろいろな」です。この言葉に注目することで，「なか」が「いろいろ」の列挙であることがわかるのです。

　ここで提案したいのが，文章の大まかな基本構造の例をあらかじめ教室に貼っておいて，そのどれに当たりそうかをみんなで考えていく，ということです。文章構造のモデルがあれば学習者は文章の構造を考えやすくなるでしょう。この文章構造のモデルは，実は，本書で示している「見えないつながり」，つまり，2017年告示の学習指導要領でいう「情報と情報との関係」と

「見えないつながり」と文章構成 ●第5講

同じになります。具体的に示します。

――――――――――（例えば）――――――――――

○順序関係

　　時間の順序

　　説明の順序……………………………「問い」「答え」「説明」

○一般―具体関係………………………「紹介」「具体例」「まとめ」

○概観―詳細（中心―全体）関係……「ざっくり説明」「詳しく説明」

○因果関係………………………………「課題」「根拠や具体例」「主張」

※類比／対比関係は文章の大きな構造では使わないので省略しました。

　実際の文章では，順序が変わったり（「問い」「答え」「説明」だと，「説明」より先に「答え」がきたりする）組み合わさったり（「すがたをかえる大豆」では，大きな構造は「一般―具体関係」ですが，「なか」の段落のそれぞれは概観―詳細関係になっている）します。

　しかし，この4つの関係を教室に掲示したり常に参照するようにすることで，文章を読んだときに大まかに文章構造をつかむことができるでしょう。

[参考文献]
難波博孝（2009）「論理／論証教育の思想(1)」『国語教育思想研究』(1) 国語教育思想研究会

▌▌今回のまとめ▌▌

・論理を捉えるためには，「見えないつながり」に注目した文章構成をしっかり捉えること。

・文章構成は掲示しておき，いつも参照すること。

宿題　論理の適切さや妥当性は何で決まるでしょうか。いろいろな場合に分けて考えましょう。

49

第6講

トゥルミンモデル最高？再考

　今回はすぐに宿題を考えるところから始めましょう。前回の宿題は，次のものでした。

宿題
　論理の適切さや妥当性は何で決まるでしょうか。いろいろな場合に分けて考えましょう。

■トゥルミンモデルって何だ？
　論理の妥当性について，どのような判断基準をもてばいいでしょうか。論理の妥当性について考える場合，今までよく使われていたのは，トゥルミンモデルです。トゥルミンモデルとは，論理を次のような図式に当てはめてみて，その図式通りかどうかをみて，論理的かどうかを判断する図式です。トゥルミンモデルの図式は次のようなものです（Toulmin.1958）。

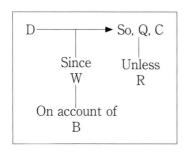 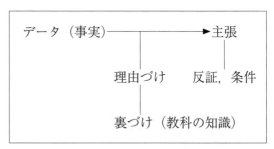

　D（data）は，データということで，事実に当たるものです。Q（qualify）は条件です。R（rebute）は反証と言われるものです。C（claim）は主張です。W（warrant）は理由づけというものです。そして，最後のB（backing）は裏づけというものです。

トゥルミンモデル最高？再考 ● **第6講**

　このトゥルミンモデルは，国語教育では井上尚美氏が導入して以来，あち
こちで論理のモデルとして使われてきました。

■誤解され続けていたトゥルミンモデル

　しかし，実はこのモデルについては，国語教育の世界では（そして他の学
問分野でも）大きな誤解がありました。それは，トゥルミンの原書を読めば
すぐわかるのですが，気づかれないまま時間が過ぎてしまいました（しかし，
トゥルミンの翻訳書が出版されたので，その誤解はこれからどんどん解けて
いくでしょう）。その誤解とは何でしょうか。それは，

　　　　理由づけ（W）と裏づけ（B）とを同じに扱ってしまう

という誤解です。

　トゥルミンモデルの図式を見てください。WとBとの区別は皆さんはわか
るでしょうか。確かに，理由づけと裏づけは日本語で訳すと意味も似ていま
すし，区別がつきにくいです。一体この2つはどのように違うのでしょうか。

　トゥルミンモデルを解説した Hitchcock（2006）は，
"In Toulmin's model, warrants are justified by backing. His conception of
backing, and his distinction between warrant-using and warrant-
establishing arguments, is linked to his strong field-dependency thesis"
(p.214)
（抄訳：トゥルミンモデルでは，理由づけは裏づけによって正当化されるの
であり，その backing の概念は，彼の，「領域依存を非常に重視する理論」
とつながっている。）
と，述べています。つまり，Bは，領域に強く関わっている，というのです。
この領域とは，学問や法体系のことです。つまり，Bは，学問や法体系に深
く関わるものです。そして，Wは，その具体化でした。

　トゥルミン自身も（p.96），

51

"But the moment we start asking about the backing which a warrant relies on in each field, great differences begin to appear: the kind of backing we must point to if we are to establish its authority will change greatly as we move from one field of argument to another."
（抄訳：裏づけ（backing）は，その論証が属する領域によって大きく変わってくる。）

　つまり，トゥルミンモデルは，ある特定の学問や法体系に関する論理の妥当性を判断するための図式だったのです。

　ですから，トゥルミンは，こう述べます（p.96）。
"all we are trying to show is the variability or field-dependence of the backing needed to establish our warrants."
（抄訳：とにかく私が示したいことは，理由づけを確立するために必要とされる裏づけは，多様であり，領域依存していることである。）

　学問が違えば，また，法律が違えば，Ｂが変わるのであり，したがってＷが変わり，全体としての妥当性も変わるのです。

　ですから，異なる学問どうしや異なる法体系どうし，あるいは異分野どうしの議論では，トゥルミンモデルは使えないのです（そもそもそのような議論では，妥当性というものは判断することは相当困難でしょう）。

■国語科教育におけるトゥルミンモデル

　学校教育で考えてみましょう。トゥルミンモデルの図式が使える論理的な議論（これを論証と呼ぶことにします）は，社会科や理科，算数（数学）などで使うことができます。これらの教科は，裏づけ(B)が明確にあり，それぞれの教科内部では共通しているからです。今後これらの教科の言語活動では，トゥルミンモデルの図式による論証とその検討が行えるし，また，行われなければなりません。

　そのときに重要なのは，各教科で必要とする知識，つまり，トゥルミンモデルによる論証における，裏づけ(B)の知識です。これこそが基礎基本であり，

トゥルミンモデル最高？再考 ●第6講

裏づけの知識をしっかり学んでいないと，論証などはできないことは明らかでしょう。

では，国語科教育についてはどうでしょうか。国語科教育でどのような論証が使われる可能性があるか考えてみましょう。国語科教育では，次のような状況で論証を使う可能性が考えられます。

(1)　筆者の主張のある教材を読むことにおいて
(2)　文学教材を読むことにおいて
(3)　話すこと・聞くことや書くことにおいて

まず，(1)について考えてみましょう。筆者の主張のある文章について，その主張を追いかけたり妥当性を検討したり同じ事象について読者が自分なりの論証をしたりするような場面が，授業で考えられます。このときに，トゥルミンモデル的な論証が使えそうに思われます。確かに使える可能性はあるのですが，ここで問題となるのが，やはり裏づけ(B)のことです。

筆者は，何らかの学問のうえに立って説明文を書いています。例えば，「生き物はつながりの中に」（中村桂子　光村図書6年）という教材の場合，筆者は生命科学の専門家であり，この文章は「遺伝学」などの生命科学の裏づけ(B)の基に書かれています。

といっても，この教材を普通の読者として小学6年生の児童が読む分には，この教材の中にある知識だけで何とか読むことができるでしょう（少し難しいですが。また遺伝子についての知識があれば読みやすくなるのは当然です）。

しかし，この教材を授業するとき，筆者の論証の方法を明らかにしたり，その論証が妥当かどうかを考えようとすると，困難が起きます。それは，読者である小学6年生の児童が，裏づけとなる知識をもっていないということです。論証の妥当性の評価には，同じ裏づけの知識を共有した人でなければ行えないのです（ユークリッド幾何学で論証しているとき，非ユークリッド

53

幾何学で批判するのは禁じ手です)。

さらにやっかいな問題があります。それは，教科書にある説明文教材の多くは，原文を教科書編集者が編集したものである，という事実です。例えば，「森林のおくりもの」(富山和子　東京書籍5年)という教材は，筆者の著書『森は生きている』(以下原典)を編集したものです。原典の一部を取り出し，加筆しています。ただその加筆部分が，教材の主張に当たる「森林はおくりものだ」というところになっているのです。

もちろん，教材単独で論証を追いかけることは可能です。しかし，根拠となる事実や理由づけはそのままで，原典では言われていないことが主張となっている教材の論証を，妥当かどうか吟味することは困難なことであり，そもそも倫理的に許されるかどうかという問題でもあるでしょう。このような事例は，小中学校の説明文教材には多く見られることです。

このことからはっきり言えることは，**主張のある教材を性急には評価読みできない**ということです。

ただし，この教材の論証過程を追いかけるのに，トゥルミンモデルは使えます。それだけではなく，この教材でははっきり見えにくい理由づけ(W)や裏づけ(B)まで推論できるようになります(具体的な方法については本書の後半で述べます)。

ここまでをまとめておくと，(1)筆者の主張のある教材を読むことについては，論証の過程を追いかけたり，はっきりしない論証の要素を推論したりするのにトゥルミンモデルは使える可能性があるが，論証の妥当性を評価したりするような評価読みというのは，困難である，ということになります。

■トゥルミンモデルは万能ではない

それでは，(2)文学教材を読むことにおいて，と，(3)話すこと聞くことや書くことにおいて，についてはどうでしょうか。

ここまでお読みの方は，(2)と(3)には，トゥルミンモデルは使えないのではないか，と思われるのではないでしょうか。

トゥルミンモデル最高？再考 ●第6講

その通りです。

先に述べたように，トゥルミンモデルは，そもそも学問や法体系の内部で，論証の妥当性を検証するための図式です。検証の礎となるのが，裏づけ(B)です。裏づけによって論証の仕方も論証の検証の仕方も変わるのです。

では，(2)や(3)においては，裏づけに当たるものは何でしょうか。まず，文学教材において，登場人物の心情を把握したり描写の仕方について意見をもったりすることを，論理的に行うことは可能です。なぜなら，論理的に述べるとは，本書で何度も述べているように，根拠をもって自分の意見を述べることだからです。ですから，文学を論理的に読むことは可能です。

しかし，その論理が妥当かどうかを検証することは，トゥルミンモデルで可能でしょうか。それはできません。登場人物の心情の把握の裏づけとなる学問や法体系，描写の仕方の把握の裏づけとなる学問や法体系を，登場人物や作者と読者とが共有することはできないからです。

確かに，心情の把握の妥当性についての学問や文学の描写についての学問はあります。しかし，それらの学問はいろいろな考え方に分かれていますし（心理学や文学理論はほんとうにたくさんの種類があります），学問の成果に則っていれば，妥当な論理なのかどうかも怪しいです（登場人物の心情の把握を，ある心理学の成果で分析したところで，その心情の把握が妥当かどうかは別の問題ということです）。これは，「虚構における論証」の問題です。

このことはそのまま，話すこと・聞くことや書くことについても言えます。学問に関わる論文やスピーチをするということになれば，トゥルミンモデルはそのまま使えます。しかし，それ以外の場面における，自分の意見を書いたり話したりするときの妥当性は，トゥルミンモデルでは検討できません。これは，「日常言語における論証」の問題です。以上2つの論証の問題については，次回以後考えていきます。

[参考文献]
Hitchcock, D. &Verheij, B.（2006）'Intoroduction' *Arguing on the Toulmin Model*, Dordrecht, Springer-Verlag.
Toulmin, S. E.（1958）*The Uses of Argument*, Cambridge University Press, Cambridge.

今回のまとめ

・トゥルミンモデルは，学問や法体系の裏づけのあるところで使える。
・主張のある教材では，トゥルミンモデルで論証の過程を追いかけたり推論したりできる。
・主張のある教材の評価読みは性急にはできない。
・文学や日常言語の論理の妥当性はトゥルミンモデルでは扱いにくい。

宿題 あなたは，文学や日常言語の論理の妥当性をどのように考えますか？

第7講

三角ロジックにご用心！

　前回は，トゥルミンモデルについて取り上げました。もう一度トゥルミンモデルの図式を取り上げておきましょう。
　D（data）はデータ，Q（qualify）は条件，R（rebute）は反証，C（claim）は主張，W（warrant）は理由づけ，B（backing）は裏づけ，というものです。

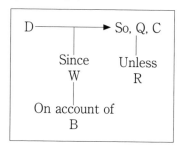 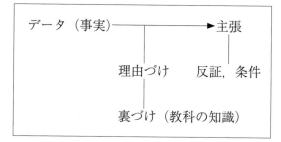

■トゥルミンモデルのストライクゾーンを見極めよ

　前回述べたように，トゥルミンモデルは，論証や論証の過程をはっきりさせるためにはとてもよい図式です。論文を読んだり書いたりするとき，学術的な発表を話したり聞いたりするとき，トゥルミンモデルは大いに役立つでしょう。
　ただ気をつけなければいけないのは，トゥルミンモデルは，学問や法体系など，明確な基準があるところで使えるものだ，ということです。それが裏づけとなり，そこから導かれた具体的な理由づけによって，論証の妥当性が保証されるのです。
　ちょうど，幾何学でいう公理が裏づけに当たり，定理が理由づけに当たると言ったらいいでしょうか（なお，科学が進歩したり，法体系に変更が加えられれば，当然，裏づけも変わり理由づけも変わります。論証の妥当性は，

相対的なものであることはこのことからもわかります）。

しかしながら，学問や法体系のような明確な基準がないもの，例えば文学や日常会話などでは，トゥルミンモデルは使えません。なぜなら，日常会話をしているとき，自分と相手とで共通の学問体系としての裏づけをもって話しているということはありえないからです。

裁判では，弁護士と検察官は，お互いに共通の明確な法体系によって議論しています。しかし，法廷を一歩出れば，日常会話では，弁護士と検察官は，法体系による共通の裏づけをもって話をすることはないでしょう。

つまり，日常会話や，虚構の世界を描く文学では，トゥルミンモデルによって，論理の妥当性を保証できないのです。

それでは，どうしたらいいのでしょうか。

そこで，宿題として出したのは，文学や日常言語の論理の妥当性は，どのように考えればいいか，ということでした。今回は，このうちの日常言語の論理について考えてみましょう。

ところで，ここで，論理と論証という言葉の区別をもう一度しておきましょう。本書では，第1講で論理は「因果関係」と定義しました。それに対して**論証は，トゥルミンモデルのような図式で行う思考過程**，と定義しておきます。

したがって，日常言語や文学の世界では，論証という言葉は，本書においては使えないので，論理，としておきます。

■三角ロジック（3点セット）の限界とは

まずは，日常言語の論理の妥当性について考えてみましょう。

日常の言語の論理を考えるのに便利なものとしてよく使われるのは，三角ロジック（「3点セット」という人もいます）なるものです。三角ロジックは，右のような図式

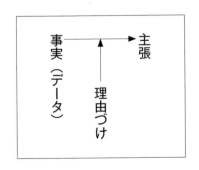

で表せます。

　これを見てもわかるように，三角ロジックは，トゥルミンモデルから，裏づけや反証，条件を取り除いたものとなっています。ですから，トゥルミンモデルに比べれば簡便な分，広く使われるようになっています。

　しかしながら，トゥルミンモデルと三角ロジックとでは，見た目以上に大きな違いがあります。前も述べたように，トゥルミンモデルの生命線は裏づけでした。トゥルミンモデルは，学問や法体系の裏づけがあっての論証モデルです。

　そのトゥルミンモデルから裏づけを取り除いてしまった三角ロジックは，もはやトゥルミンモデルと同じようには論じることはできません。なぜなら，トゥルミンモデルが論証の妥当性を裏づけによって担保していたのに対し，三角ロジックは，それがないからです。

　三角ロジックは，データ（根拠，事実）と，理由づけと，主張で成り立っています。この3つで，論理の妥当性を保証しなくてはいけません。つまり，三角ロジックは，トゥルミンモデルとは全く異なる方法で，論理の妥当性を保証しなくてはいけないのです。

■納豆の三角ロジック

　それでは，日常会話における，論理の妥当性について三角ロジックで考えてみましょう。取り上げるのは，本書でたびたび取り上げている例，Aです。

A　納豆はねばねばしているから，私は納豆は嫌いだ。

　さて，これを三角ロジックに当てはめてみましょう。データは，「納豆はねばねばしている」でしょう。主張は「私は納豆は嫌いだ」ですね。とすると，理由づけがないことになります。したがって，このAは，三角ロジックの観点から見ると不十分になります。

　では，三角ロジックに適合するように，適当に理由づけをAに加えてみま

しょう。例えば，次のようにしてみたらどうでしょう。

A'　納豆はねばねばしている。（データ）
　　ねばねばしているものは私は嫌いだ。（理由づけ）
　　私は納豆は嫌いだ。（主張）

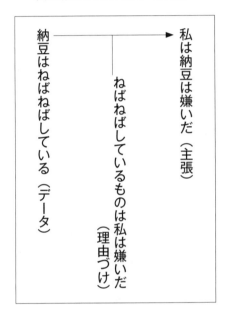

　こうすると，Aがよりわかりやすくなった感じはします。けれど，AをA'にすることで妥当性は高まったでしょうか。あまりそういう感じはしませんね。よりわかりやすくなったのに，妥当性が高まっていないということはどういうことなのでしょうか。
　実は，私が先ほどAに加えた「ねばねばしているものは私は嫌いだ」という「理由づけ」は，Aから推論が簡単にできてしまうものです。言い換えると，「納豆はねばねばしている。私は納豆は嫌いだ」という言葉を聞くと，聞いた人は，「ああ，この人はねばねばしている食べ物が嫌いなんだな」と推論（仮説推論）して聞いているということなのです。

つまり，聞いている人がAを聞いたとしても，頭の中では，A'に変換して認知しているのです。
　三角ロジックは，二項の論理の間に隠れていて，通常は推論して埋めている「理由づけ」を，明示化するものといえるでしょう。その点で三角ロジックは，二項の論理よりもわかりやすくはなっています。だからといって，妥当性が高まるとは言えないのです。

　もう一つ，三角ロジックの特徴があります。それは，データと理由づけが簡単に入れ替えられるということです。A"を見てください。

A"　ねばねばしているものは私は嫌いだ（データ）
　　納豆はねばねばしている（理由づけ）
　　私は納豆は嫌いだ（主張）

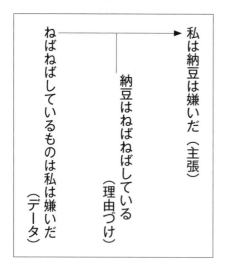

　こういうことが起きるのは，データも理由づけも事実のときです。両方とも事実なら入れ替え可能なのです。トゥルミンモデルの場合は，理由づけの背後に，学問体系の裏づけがありました。裏づけがあるものが理由づけとな

三角ロジックにご用心！ ●第7講

るのです。しかし，三角ロジックの場合は，裏づけがないので，両方とも事実なら，データと理由づけが入れ替え可能になってしまうのです。

　では，A'，A"の妥当性について考えてみましょう。まず，データ→理由づけ→主張　の流れについて考えてみましょう。この流れを見ていただくとすぐわかりますが，A'もA"も，この流れは，実は三段論法の流れになっていることがわかります。よりわかりやすくするために，次のように書き換えて示しておきます。

　　ねばねばしているものならば，私は嫌いだ（XならばY）
　　納豆ならばねばねばしている（ZならばX）
　　　　　　　　↓
　　納豆ならば私は嫌いだ（ZならばY）

　この三段論法の図式は，A'もA"も変わりません。したがって，A'，A"ともに，データ→理由づけ→主張　の流れについては，三段論法という形式論理学の規則によって保証されていることがわかります。

　しかし，だからといってA'，A"の論理の妥当性が保証されたわけではありません。次は，データ及び理由づけそのものの妥当性を考えなくてはいけません。

　実はこのことについては，第1講で取り上げていました。論理の意味には3つあることを説明し，そのうちの論理の意味［2］（議論的関係）を，妥当な論拠とその主張との関係と説明していました。

　結局三角ロジックの論理の妥当性は，それが三段論法の図式に従っているときは，データや理由づけの妥当かどうかにかかっているのです（なお，三角ロジックが三段論法に従っていないときについては，後の講義で述べます）。

　Hitchcockという人は，妥当なデータや理由づけとして，それぞれ条件付きですが，以下のものを挙げています。（Hitchcock, D. 2006）

63

Direct observation（直接観察）

Written records of direct observation（直接観察の記録）

Memory（記憶）

Personal testimony（証言）

Previous reasoning or argument（以前行った推論や論証）

Expert opinion（専門家の意見）

Authoritative reference source（権威のあるレファレンスブック）

　これを踏まえて，Ａ'とＡ"のデータや理由づけの妥当性を考えてみると，「納豆はねばねばしている」は直接観察できるし，「ねばねばしているものは嫌いだ」はその人の証言ということになりますから，妥当な論理ということになります（もちろん，嘘の証言をしていたら妥当ではありません）。

　ところで，納豆が好きなあなたは，Ａ'とＡ"に納得ができたでしょうか。納得できたとして，納豆が嫌いになるでしょうか。

　どうも，妥当性と納得すること，説得されることとは，違うことのようです。次回はこのことも踏まえて，もう少し三角ロジックについて考えます。

［参考文献］

Hitchcock, D. &Verheij, B.（2006）' Intoroduction' *Arguing on the Toulmin Model*, Dordrecht, Springer-Verlag.

三角ロジックにご用心！ ●第7講

▌▌今回のまとめ▌▌

・トゥルミンモデルと三角ロジックは別物である。
・三角ロジックの妥当性は，三段論法とデータや理由づけの妥当性に頼っている。

宿題　妥当性，納得，説得される，これらの違いを考えてください。

第8講

妥当性と納得はどんな関係？

■三角ロジックで妥当性が高まるわけではない

前回は，三角ロジックについて取り上げました。三角ロジックは，専門的な学問による裏づけが期待できるトゥルミンモデルと違い，裏づけとなるものがありませんでした。

確かに，根拠⇒主張　のような二項関係よりも，三角ロジックは妥当性が高いように見えます。しかし，実は隠れた理由づけが表に現れただけで，妥当性自体が高まったわけではないのです。

読む人や聞く人には，「ああこの人はこの根拠からこのような理由づけを経てこういう考えにいったんだな」ということが腑に落ちやすくはなります。けれど，妥当性が高まったわけではないのです。このことをもう一度例を挙げて示しておきましょう。

A（二項関係）　　納豆はねばねばしている→納豆は嫌いだ
B（三角ロジック）　納豆はねばねばしている→ねばねばしているものは嫌いだ→納豆は嫌いだ

AもBも妥当性には変わりはありませんね。前回の講義でも示したように，三角ロジックの妥当性は，三段論法とデータや理由づけの妥当性に頼っているのであり，その点では，二項関係の論理と変わりはないのでした。ここが，「三角ロジックにご用心」という理由でした。

■食べたい "たこやき" が出てこない

ところで，今，妥当性が高まることと腑に落ちやすくなることを分けてお話しました。実はこのことが，前回の宿題に関わることなのです。

66

妥当性と納得はどんな関係？ ●第8講

　前回の宿題は，「妥当性，納得，説得される，これらの違いを考えてください」というものでした。論理や論証を考えるうえで，この3つを区別することはとても重要なことです。そして，この3つの「受け止めのレベル」を混同してしまうことが，学校教育においても生活においても，不幸を生み出すことなのです。

　私はこの3つは，次のように言い換えられると考えます。

妥当性がある……頭でわかる

納得する……心でわかる（腑に落ちる）

説得される……認識が変わる

　一つ一つを詳しく見ていきましょう。

　まず，妥当性があるというのは，知的な次元で適切だとする，ということです。学問レベルで言えば，トゥルミンモデルのような論証のモデルに適っているということになるでしょう。また，日常レベルで言えば，妥当な根拠や理由づけに基づいて三段論法に背かずにいるということになるでしょう。

　いずれの場合も，裏づけとなる学問の知識や根拠となる事実に妥当性がなければ，その論理や論証自体に妥当性はなくなります。

　ここで注意するべきことを2点挙げておきます。一つは，裏づけとなる学問の知識や根拠となる事実の妥当性の問題です。学問レベルではトゥルミンモデルのような論証図式の根本に裏づけとなる学問の成果があります。また，日常レベルでは，根拠となる事実があります。しかし，これらの妥当性は絶対的ではない，ということです。

　これらが絶対的ではないのならば，学問レベルでも日常レベルでも，その論理や論証の妥当性も絶対的ではなく相対的である，ということです。

　学問は日々進歩していきます。例えば，ついこないだまで，冥王星は惑星でしたが，今は準惑星になりました。裏づけが変わったのです。学問の世界では，「ここらあたりまでが妥当性のある成果ですね」ということを学会や

67

学会誌で共同で確認し合い，それを積み重ねていきます。新しい発見があれば，当然裏づけも変更されます。

　日常レベルでは，「これは事実として何となく妥当だよね」という自分の信念が基準になります。そして，その自分の信念が共有された信念と感じることがあります。

　日常レベルでも互いにコミュニケーションをとっていけば，ある程度その集団において信念が共有されるでしょう。そして，この共有された信念（あるいは共有されたと信じている信念）が，事実の妥当性を決定するのです。

　私の出身は姫路市ですが，姫路市では，「たこやき」といえば，「明石焼」のことであり，かつ，それにソースをつけて出汁に浸して食べるのが当たり前でした。これが姫路市の人々の共有化された信念でした。ですから，子どもの頃，大阪の人がたこやきをソースだけで食べているのを見たり，明石や神戸の人がソースをつけず出汁に浸して食べているのを見たときは，ショックでした。姫路人である私の信念は，ソース＋出汁＋明石焼＝たこやき，でした。同じ関西人でも違うのだと思った，つまり，信念が共有されていないと感じたのです。でも今は，それぞれ少しずつ違う食べ方があるんだけどみんなたこが入ったたこやきには違いないんだという信念に（私の場合）変更されています。

妥当性と納得はどんな関係？ ● **第8講**

　学問レベルでも，日常レベルでも，裏づけや根拠は絶対的ではありません。したがって，論理や論証の妥当性も絶対的ではなく相対的なものです。その相対性によって，みんながばらばらとなっていかないように，学問レベルでは，学会という集団を作りコミュニケーションし，日常レベルでは，社会を作ってコミュニケーションしているのです。

　もう一つ注意すべきことは，学問レベルの妥当性と日常レベルの妥当性の混同です。学問レベルでは，「○○以下なら安全であることが証明されている」と言われても，私たちの日常生活では，そのことが生活上の信念，社会の人々の共有された信念になっているとは限りません。また，学問レベルの妥当性が永遠に妥当であるとは限らないことは先に述べた通りです。学問レベルの妥当性が日常レベルの妥当性に比べて，「正しい」とはとても言えないのです。もちろん，日常レベルのほうが「正しい」などということもできません。大事なのは，学問レベルと日常レベルの，「妥当性」の導き方が異なる，ということです。

　学問レベルでは，学問の成果を侃々諤々と論じることで妥当性がつくられていきます（そして変更もされます）。日常レベルでは，日常的なコミュニケーション（人と人だけではなく，メディアなども通して）によって何となく，「共有されたと人々が信じる信念」がつくられていき，それによって信念が生まれます。

　学問のほうが侃々諤々の議論があるので，妥当性が「よりいい」感じがしますが，そうとは限りません。その「妥当性」は，その学問に限っての「妥当性」であり，他の学問や生活場面でも妥当かどうかは，重要ではないからです。

■妥当でなくても納得することがある ?!

　それでは，次に，納得する，つまり，心でわかる，について考えてみましょう。納得するとは，（同じ意見になるかどうかは別として）共感するある

69

いは同感と感じる，ということだと私は考えています。

　例えば，

B　納豆はねばねばしている。ねばねばしているものは嫌いだ。納豆は嫌いだ。

という言葉を聞いたとき，納豆が嫌いな人はもちろん，好きな人も「ああ，この人はねばねばが嫌いなんだな。だから納豆が嫌いなんだ。それは仕方ないな」と納得するのではないでしょうか。そして，もちろん，Bは妥当性の高い論理であることは間違いありません。

　では，Cの場合はどうでしょう。

C　納豆は茶色い。茶色いものは嫌いだ。納豆は嫌いだ。

　Bと同じ三角ロジックで表現してみましたが，Bと比べて納得度はどうでしょう。

　私は，Bに比べて納得度は低いと感じます。しかし，Cも三段論法に則っており，かつ，納豆が茶色いのは，妥当性の高い事実でしょう（茶色いとは何か，などと議論するのは学問レベルです）。ということは，Cも妥当性が低い論理ではありません。

　では，BとCはどこが違うのでしょうか。それは，真ん中の「ねばねばしているものは嫌いだ」と「茶色いものは嫌いだ」の違いです。ここの部分が事実の表現なら，事実の妥当性についての基準（前の講義で見ました）で考えられるのですが，ここでは，話した人の意見の表明になっているので，その基準は使えません。そこで別途考えていくことにします。

　私は，「ねばねばしているものは嫌いだ」の意見のほうが「茶色いものは嫌いだ」という意見よりも受け入れやすく感じます。そして，多くの人がそ

妥当性と納得はどんな関係？　●第8講

うだろうと確信します。

　なぜなら，私が生きてきた中で，「茶色いものは嫌いだ」という人や情報よりも，「ねばねばしているものは嫌いだ」という人や情報のほうに遥かに多く接してきており，「ねばねばしているものが嫌い，という人は結構多い」という信念が形成されており，かつ，その信念は多くの人々で共有されていると信じる信念もあるからです。一方で「茶色いものは嫌いだ」という信念は私はもっていませんし，「茶色いものは嫌いだ，と考える人は結構多い」という信念ももってはいません。

　このように，納得できるかどうかは，結局，受け取る人が既にもっている信念に，その論理が合致するかどうかで決まってしまうようなのです。

　逆に言うと，相手に納得してもらおうと思ったら，相手がもっているであろう信念をくぐり抜けるような論理をつくればいい，ということになります。

　このことは，妥当性がある，ことと，納得する，ことが実はつながっていないということを表しています。妥当であるかどうかは別として，自分のもっている信念に合致する理由づけをくぐり抜けた論理であれば，妥当でない

論理でも納得してしまうことがある，ということなのです。

これを利用したのが，アブダクション（仮説的推論）です。

D　この袋の豆は全て白い。机の上にある豆は白い。机の上にある豆は袋から出た。

アブダクションは，三段論法の観点からみると間違っています。しかし，新しい事象を発見するためには欠かせない思考方法です。

このアブダクションを説明するためによく取り上げられる例文Dですが，ここで忘れてはいけないのは，その袋は机のそば，あるいは話している人のそばにあるはずである（他にも，白い豆が入った別の袋が机のそばにない，など）という隠れた文脈がある，ということです。そうでなければ，Dはとても納得できないでしょう。また，このDが納得できるアブダクションとして成立するためには，「袋があったらそこから机にこぼれるかもしれない」という誰もが信じている信念をくぐり抜けていなければなりません。これらのことがそろって，私たちはDに納得できるのです。

妥当性と納得はどんな関係？ ●**第8講**

■納得の問い直しこそ学問だ

　納得することは，日常レベルのできごとです（学問の世界でも，あまりにも新しすぎる発見は，それまでの学問の成果と違いすぎるので，妥当性が高くても納得されず，いろいろ難癖を付けられて葬り去られることもあったようです。ただしそのことは，学問レベルの議論に，日常レベルの議論が介入した，と考えるべきでしょう）。そして納得することは，私たちが生活していくうえで重要な要素です。

　しかし，学校教育では，日常レベルで起こる「納得」を問い直し，それが本当に妥当かどうかを考えるきっかけを与える必要があります。

　そのときの妥当性を問い直す基準は，一つには学問レベルの妥当性（学校教育の言葉で言い換えると，教科からみた妥当性）であり，一つは日常レベルの妥当性（学校教育の言葉では，生活からみた妥当性）です。その2つの妥当性をうまく使い分けながら，ときには組み合わせていき，ついつい納得してしまっている事柄について，教育によって問い直していくことが必要でしょう。

　このことを国語科ではどうするべきか，また「説得される」とはどういうことかについては次回に行います。

■■今回のまとめ■■

・妥当性，納得，説得　はそれぞれ別のことである。
・妥当性には，学問レベルと日常レベルがあり，どちらも相対的である。
・納得は日常レベルのこと。妥当性が低くても納得ありがある。

| 宿題 | 自分なりに，「説得されるということ」を定義してみましょう。 |

第9講

説得されるとはどういうことか

■わかる・ワカル・wakaru

　前回の講義では，妥当「頭でわかる」，納得「心でわかる」ということについてお話をしました。

　まず，「わかる」ということの内実を，「妥当性がある」「納得する」「説得される」の3つに分けました。「妥当性がある」が「頭でわかる」，「納得する」が「心でわかる」，そして「説得される」は「認識が変わる」ということになります（「説得される」は前回は詳しく説明していません）。

　まず「妥当性がある」というのは，知的なレベルで適切と考える，ということでした。そして，「妥当性がある」には，学問レベルと日常レベルとがあることも指摘しました。

　学問レベルで言えば，トゥルミンモデルのような論証のモデルに適っているということであり，日常レベルで言えば，多くの人が妥当と考える根拠や理由づけに基づき，かつ，三段論法に背かずにいる，ということになります。

　そして，いずれの場合も，裏づけとなる学問の知識や根拠となる事実に妥当性が必要ということでした。ただし，学問の知識も根拠となる事実の妥当性も変わりうる可能性をもった相対的なものであり，したがって，「妥当性がある」ことも相対的であるということでした。

　さらに，学問レベルでも日常レベルでも，どちらも，人々がコミュニケーションすることで，妥当性を高めているということも述べました。

　一方で，学問レベルの妥当性と日常レベルの妥当性とは区別するべきものであり，それらを混同すると混乱が起きるということも指摘しました。

　次に「納得する」ということです。「納得する」ことは日常レベルであること，そして妥当性が低くても納得することがあると述べました。逆に言えば，妥当性が高くても納得できないことがある，ということになります。

説得されるとはどういうことか●第9講

　日常レベルの「妥当性がある」ということが、事実の妥当性と三段論法でできているのに対し、「納得する」ことは、それを受け止める人が既にもっている信念（考え方）に合致していればいるほど、その度合いが高まります。多くの人が妥当と考える事実かどうかとか、三段論法に適っているかどうかとかをとばして、自分が既にもっている信念（考え方）に合っていれば、人間は「納得」してしまう、ということでした。
　また、学校における論理／論証の教育で重要なことは、つい「納得」してしまっていることの、日常レベル、さらには学問レベルの妥当性を確かめる、ということであり、さらに、日常レベルや学問レベルで（現在のところ）妥当なものの、「納得」度合いを引き上げるということになると考えます（日常レベルでは国語科が、学問レベルでは国語科以外の教科が活躍するでしょう）。

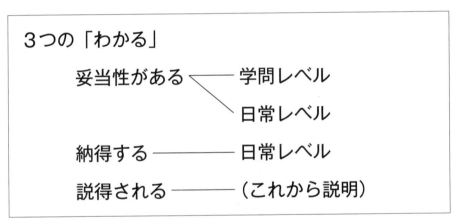

　以上のことを踏まえて提出した宿題が、「自分なりに、説得されるということを定義してみよう」でした。これについて考えてみましょう。
　「説得される」ことも、学問レベルにはありません。日常レベルのことがらです。では、「説得される」ことは、「妥当性がある（頭でわかる……妥当な事実と三段論法でできていることがわかる）」ことや「納得する（心でわかる……自分のもっている信念（考え方）に合致している）」とどう違うの

でしょうか。

■心変わりとファン心理

　ひと言で言えば,「説得される」ことは,心が変わることです。詳しく言えば,信念(考え方,認識,価値観)が変わることです。「納得する」ことが,自分のもっている信念に合致するということであるのに対し,「説得される」ことはその信念(考え方,認識,価値観)が変わる,ということです。「説得」されて信念(考え方,認識,価値観)が変われば,当然その人の行動も変わる準備ができている,ということになります。

　例えば,喫煙についてです。喫煙する人は,喫煙が体に悪いということは頭でわかっています(妥当な論理)。けれど,喫煙は自分にとって必要だといった信念が変わらないものだから喫煙をやめません(妥当だけれど納得できない論理)。

　この人が,誰かのアドバイスなどで禁煙することになったら,その人は説得されたということになります(信念の変換。説得された論理)。

　説得されるということは,自分の信念を変えることです。では,なぜ人は,自分が生きていく指針となっているはずの信念を変えることがあるのでしょ

説得されるとはどういうことか●第9講

うか。そして，人の信念を変えることができるような説得を行うためには，どのようにすればいいのでしょうか。

　このことを考えるうえで，どうしても押さえておかなければならないことがあります。それは，人間は決して（ある事柄について）一つの信念だけで生きているのではない，ということです。また，場合によっては全く矛盾する信念（考え方，認識，価値観）をもって生きていることがある，ということです。

　私は以前そのことを，「複数の自己」「分裂した自己」と呼びました（難波(2008) 参照）。もちろん「複数」「分裂」といっても，「解離性同一性障害(多重人格障害)」の人ではない限り，それらの「自己」が全て統合されているという感覚はもっています。ただ，私たちの心は決して一様ではなく，一つの事柄について矛盾した考え方（これを自己，と呼んでみたのです）をもっていることがあるのです。

　例えば，ある中年のおじさんが年若いアイドル M さんのファンとして活動していたとして，その心の中で次のような矛盾した 2 つの信念をもつことがあるかもしれません。

信念A「M さんが好きだからファンであることを続けたい」
信念B「M さんが好きだなんて恥ずかしくてファンをやめたい」

　ただ日常生活では，このおじさんは，そのアイドルについての信念Aが優勢あるいは表面化しているので，ファンとしての行動をとっている，ということになります。

　ふだんの生活で優勢あるいは表面化している信念Aのほうを，難波(2008) では「代表化された自己」と呼び，信念Bのほうを「代表化されない自己」と呼びました。また，難波 (2005) では，信念Bのほうを，「いつもの私ではない私」と呼びました。

　このおじさんの場合，信念Aが代表化された自己であり，Bが代表化され

ない自己となります。そして、信念Aのほうが表面化しており、その信念Aに従って行動しているということになります。

このことを押さえておくと、信念が変わるということの本当の意味がわかってきます。

それは、信念の中身が変わったのではなく、ふだんは「代表化されない自己」が「代表化された」ということであり、「いつもの私ではない私」が表面化した、ということなのです。表面化していた、あるいは優勢な信念（考え方、価値観、認識）が別の信念と交代した、ということなのです。

心の中にもともとない信念を人にもたせることは不可能です。もともとその人が心のうちにもっていたある信念を、外からの働きかけで優勢に―代表化―させることにより、人は説得されるのです。

■悪用禁止の説得術

では、人の信念を変えることができるような説得を行うにはどうすればい

いのでしょうか。

　ここまでのお話でわかるように，そのような説得を行うためには，その人がふだんは表面化していない信念（考え方，価値観，認識）を見つけ，それにアクセスし，それを表面化し，それが優勢になるように，その信念を応援すればいいのです。また，合わせて，その信念が優勢になることを阻んでいる心の障害を減らすような働きかけをすればいいのです。

　例えば，喫煙している人がいるとします。その人の心に，「禁煙をしたほうがいい」という信念が全くないということは今の時代はあり得ないでしょう。そこで，その人に，「あなたは実は禁煙したほうがいいという思いをもっているでしょう」と問いかけるのです。そうすると「はい，そう思っています。だけど意志が弱いんですよ」と答えるでしょう。そこで，この表面化されていない信念を応援してあげることにします。「今は喫煙しているけれど，心の中では，禁煙したほうがいいと思っているのですね。それはすばらしいことですね」というように。

　次に，禁煙を阻んでいる障害を考えます。それは，その人の意志の弱さではありません。ニコチンのせいです。したがって，「あなたの禁煙を阻んでいるのは，あなたの意志の弱さではなく，ニコチンという薬物ですよ。それへの中毒を取り除くようにしましょう」というのです。

　こうして，その人の禁煙への信念を阻んでいるニコチンと，「自分は意志が弱いんだ」という別の信念とを，できるだけ威力をなくすようにしていくのです。

　もちろん，これですぐにうまくいくとは限りません。ただ，いつもは表面化していない信念を応援することはとても重要です。周りの人々がみんなその信念を応援すれば，その信念が優勢になる可能性が広がるのです。

■「論理的である」ことを区別する

　ここまで，「妥当性がある」「納得する」「説得される」の３つについて説明をしてきました。ここでまとめるとその言葉がわかるということ，あるい

は論理的であるということには，以下の4つの次元がある，ということになります。

　ある言葉が論理的である，ある言葉がわかるとは，
● ある言葉が，ある学問レベルの妥当性を有している
　　＝トゥルミンモデル的妥当性に適っているのがわかる
● ある言葉が，私の，日常レベルの妥当性を有している
　　＝三段論法と事実の妥当性に適っていることがわかる
● ある言葉に納得する
　　＝私のもっている，優勢な（代表化された）信念に合致している
● ある言葉に説得される
　　＝私のもっている，代表化されない信念に響いている

　この4つの次元を区別することは，国語科では非常に重要です。ある説明文の「論理性」を論じるとき，それは，「学問レベルの妥当性」を論じてい

るのか，「日常レベルの妥当性」を論じているのか，「納得できるかどうか」を論じているのか，「説得されるかどうか」を論じているのか，区別しなければなりません。これら４つの次元は，適切性も，その根拠となることも全て異なるからです。

　説明文だけではありません。実は，文学教材の教育を考えるうえでもこれらの区別は大変重要です。なぜなら，多くの文学教材が，主人公がある人物に出会って意識的にしろ無意識的にしろ自分自身の優勢な信念を変えていく（交代させていく）ストーリーだからです。

［参考文献］
難波博孝（2005）「『材』としての演劇の現状と可能性」『月刊国語教育』３月号，日本国語教育学会
難波博孝（2008）『母語教育という思想』世界思想社

─ ▌▌今回のまとめ▌▌ ─────────────────────

・人の心には，複数の（場合によっては矛盾した）信念（考え方，価値観，認識）がある。
・人の信念には，表面化したものと隠れたものとがある。
・説得されるのは，ふだんは隠れた信念が表面化し優勢になるからである。

宿題　「森林のおくりもの」（東京書籍５年）の教材を使って，４つの次元の論理を考えてみましょう。

81

第10講

教科書教材を論理的に分析する

■基準とは学問ごとに変わるもの

　前回の講義でわかることは，その言葉が論理として（日常的あるいは学問的に）妥当なら人は必ず納得する，というわけでもなく，説得されるわけでもないこと，また，論理として妥当ではなくても，人は時に納得し，時に説得される，ということでした。

　このことを，具体例で考えてみましょう。

　「この残留放射線量は心配ない」という言葉について，「論理的である」ということは，ここまでの講義を踏まえれば，以下の4つの次元があり得ることになります。

---

(1)　「この残留放射線量は心配ない」という言葉が，ある学問レベルの妥当性を有している。

(2)　「この残留放射線量は心配ない」という言葉が，日常レベルの妥当性を有している。

(3)　「この残留放射線量は心配ない」という言葉に納得する。

(4)　「この残留放射線量は心配ない」という言葉に説得される。

---

　(1)から考えてみましょう。(1)では，ある学問において人体への影響がないという主張を理由づける基準が，その学問で妥当だと考えられる知見によって裏づけられて提案されており，その基準に現在の事態が適っている，ということになります。

　難しい言い方ですが，要するに，その学問ではその学問なりの知見に基づいて「人体に影響がない」という基準が立てられており，その基準に合っているから心配がない，ということです。

教科書教材を論理的に分析する ●第10講

　ここで問題なのは，このような基準は，学問ごとに異なる可能性がある，ということです。前の講義で述べたように，学問的な論証について研究したトゥルミンは，論証の妥当性が学問によって異なることを示しました。学問が違えば裏づけとなる理論も異なり，したがって，論証も論証の妥当性も異なる，ということです。
　残留放射能の問題についても，原子力研究と放射能医学とでは異なる基準をもっています。学問とは，相対的なものであることを，トゥルミンは示しています。

　次に(2)について考えてみましょう。(2)の妥当性は，基となる事実と私自身

学問レベルの妥当性

の理由づけの妥当性および三段論法の妥当性にかかっています。基となる事実は，「○○マイクロシーベルト／時」といった数値になるでしょう。では，その数値が「問題ない」とできる妥当な理由づけはどうでしょう。第7講で示した，事実や理由づけの妥当性についての，Hitchcock という人のリストは以下の通りでした。

　　直接観察／直接観察の記録／記憶／証言／以前行った推論や論証／専門家の意見／権威のあるレファレンスブック

　今の放射線量が問題ないということについて直接観察やそれを記録したものはありません（これが「やけど」だったら直接観察したらすぐにわかります）。この残留放射線量についての記憶はありませんが，証言なら多数目にしたことはあります。いずれも恐ろしい話ばかりです。専門家の意見はばらばらですし，権威ある書籍の権威性は失われてしまいました。
　結局私自身の中に「この残留放射線量は心配ない」が妥当かどうかということについて日常レベルでの妥当性を判断できる材料は何もない，ということになるのです（何度も言いますが，これが「このやけどは心配ない」なら，直接観察や記憶，家庭医学書などによって，私は妥当かどうか判断が可能です）。

教科書教材を論理的に分析する ●第10講

次に(3)を考えましょう。(2)と(3)の違いは、たとえ日常レベルの妥当性があったとしても、自分自身の信念に照らしてみたときには納得できないことがある、また、その逆もある、ということでした。

では、私に、「この残留放射線量は心配ない」についての自分なりの（優勢な）信念があるでしょうか。私にはありません。また、妻を含めた周りの人と話をしてもどれくらいの放射線量なら大丈夫かについて、共有できている信念は少ないようです。

最後は(4)です。私の中に、「これぐらいの放射線量なら大丈夫のはず」という別の信念があれば(4)の可能性が生まれます。日常経験において、その

ような別の（代表化されない）信念があれば(4)の可能性もありえますが、その可能性は、私たちが日常生活を送る限りは低いでしょう。

このように、「この放射線量は心配ない」という言葉は、(2)〜(4)において論理的である可能性が生まれないということになります。

放射線量が心配ないと主張する科学者が、いくら(1)のレベルで人々を納得させよう、説得しようとしても、人々の心が動かないのは、人々が科学とは異なる論理のレベルで思考や行動をしているからなのです。そのことを非難する科学者は間違っています。科学の言葉をそのまま日常語に直したところで通じないのです。

■小学校教材から論理的関係を読み取る

以上のことを踏まえながら、宿題を考えてみましょう。

宿題は、「『森林のおくりもの』（東京書籍5年）の教材を使って、4つの次元の論理を考えてみましょう」というものでした。

まず、この文章が意見文であることを押さえましょう。文章のどこかに筆者の意見（主張）があるはずです。最後の段落に、次のような文章があります。

> 今、世界のあちこちで砂ばくが広がっています。おびただしい人たち

教科書教材を論理的に分析する ●第10講

がうえ，死んでいます。「地球の緑を守れ」という声は，日増しに高ま
るばかりです。このようなとき，わたしたちは，緑豊かな国土に生まれ
たことの幸せに感謝しなければなりません。そして，森林を育てる仕事
のすばらしさ，とうとさを考えなければならないのです。

　この部分の最後の２文は，「～しなければなりません」「～なければならな
いのです」と強い調子で書かれています。この２文を筆者の主張と考えてい
いでしょう。それぞれを，主張Ａと主張Ｂとしておきます。

主張Ａ　わたしたちは，緑豊かな国土に生まれたことの幸せに感謝し
　　　　なければならない。
主張Ｂ　森林を育てる仕事のすばらしさ，とうとさを考えなければなら
　　　　ない。

　論理とは，因果関係のことであり，第１講で示したように，そこには３つ
の論理的関係がありました。

論理の意味［１］＝事物関係＝物事どうしの因果関係
論理の意味［２］＝議論的関係＝妥当な論拠とその主張との関係
論理の意味［３］＝倫理的関係＝人としての正しさに基づいた関係

　ここは，２つ目の議論関係でしょうから，論理を考えるためには，論拠
を探す必要があります。では，「森林のおくりもの」では，主張ＡとＢの論
拠はどうなっているでしょうか。
　先に主張Ｂの論拠を探しましょう。この主張は，「森林を育てる仕事のす
ばらしさやとうとうさを考えよ」といっています。なぜなのか，に当たると
ころが論拠になりますね。それを文中から探してみますと，一つ前の段落に，

87

> では，その森林はだれのおくりものでしょう。それこそは，大昔から先祖たちが植えついで，現代のわたしたちにおくってくれたかけがえのない遺産なのです。今も，山村の人たちは，木材を生産しながら山々を守っています。海岸でも風や砂と戦いながら，植林が続けられています。

とあります。ここには，大昔から今も山村の人たちが守り，植林を続けているということが書いてありますので，ここが論拠のようです。これを論拠Bとしましょう。

ですから，「森林のおくりもの」の一つの論理的関係（議論的関係）は，こうなります。

論理的関係B

論拠B　森林は，大昔からの人々の遺産であり，今も山村の人々は木材を作り山を守り植林している。

↓　（だから）←見えない論理

主張B　森林を育てる仕事のすばらしさ，とうとさを考えなければならない。

では，主張Aの論拠はどうでしょうか。わたしたちが緑豊かな国土に生まれたことの幸せに感謝しなければならないのは，森林から豊かなおくりものをいただいているからですね。それは，森林が，木と紙と火と水と土と養分とをおくってくれるからだということが「森林のおくりもの」を読めばわかります。

ということは，論拠Aに当たるところは，論拠Bの前の全ての文章になるのです（最初の一文は，前置きかもしれません。少なくともそのあとの全ての文章は，ということになります）。このことをまとめておきます。

教科書教材を論理的に分析する ● 第10講

論理的関係Ａ

論拠Ａ　森林は，木と紙と火と水と土と養分とをおくってくれる。

　↓　　（だから）←見えない論理

主張Ａ　わたしたちは，緑豊かな国土に生まれたことの幸せに感謝しなければならない。

　論拠Ａと論拠Ｂとの文章のバランスはあまりに不均衡です。しかし，論理の観点から分析すると，このように考えざるを得ません。

　さらにこのような分析の傍証として，論拠Ａが書いてある部分の一番最後の一文が，「このように」で始まっており，論拠Ｂの最初が「では」で始まっていることを挙げておきます。ご承知のように，「このように」はまとめの接続語であり，「では」は前の話題を受けて次の話題を付け加えるために使われます。このことからも，論拠Ｂが書いてある段落の前で大きく分かれることは明らかです。

■段落ごとに読む，の弊害

　私は，教員や学生を対象としたワークショップで，「森林のおくりもの」の「なか」の部分（最初の一文と最後の段落を除いた部分）を大きく２つに分けてください，という課題を出してやってもらうことをよくやります。しかし，ここまでのような回答ができる方はほとんどいません。

　このことは，いまだに文章を段落ごとに読んだり内容のまとまりから読む，ということから脱皮できないこと，つまり，ボトムアップ的な読み方（段落ごとに何が書いてあるかを考えて読む読み方）しかできない人が多いことを示しています。

　論理的に読むとは，ここに主張がある，だとしたら，論拠はどこにあるか，という観点で読む，トップダウン的な読み方なのです。論理に関する授業を行う大前提は，このような読み方なのです。

89

今回は，「森林のおくりもの」を論理的に読むところで終わってしまいました。次回は，「森林のおくりもの」の２つの論理的関係が果たして４つのレベルで論理的かどうかを検証していきたいと考えます。

［参考文献］

Hitchcock, D. &Verheij, B.（2006）' Intoroduction' *Arguing on the Toulmin Model*, Dordrecht, Springer-Verlag.

▍▍今回のまとめ ▍▍

・「森林のおくりもの」は２つの論理でできている。
・「森林のおくりもの」の２つの論拠の分量は大変アンバランスである。

宿題

　「森林のおくりもの」の論理が論理的かどうかを，次の４つのレベルで考えてみましょう。

(1) 学問レベルの妥当性を有している。

(2) 日常レベルの妥当性を有している。

(3) ある言葉に納得する。

(4) ある言葉に説得される。

第11講

教材分析の肝

■形式段落にとらわれすぎなのよ！

前回は，4つの「論理的」ということについてもう一度考えた後，「森林のおくりもの」について考えました。その結果，この教材は，2つの論理（論理的関係A，B）でできていることがわかりました。また，2つの論理の論拠は，それぞれ大変アンバランスであることもわかりました。

もう一度，2つの論理的関係を示します。

論理的関係A

論拠A　森林は，木と紙と火と水と土と養分とをおくってくれる。

　↓　　（だから）←見えない論理（見えないつながり，「情報と情報との関係」）

主張A　わたしたちは，緑豊かな国土に生まれたことの幸せに感謝しなければならない。

論理的関係B

論拠B　森林は，大昔からの人々の遺産であり，今も山村の人々は木材を作り山を守り植林している。

　↓　　（だから）←見えない論理（見えないつながり，「情報と情報との関係」）

主張B　森林を育てる仕事のすばらしさ，とうとさを考えなければならない。

このうちの，論拠Aは大変長い文章で書かれてあり，一方で論拠Bは，一

段落しかないというアンバランスさをもっています。前回はこのことを指摘しました。

　このことは，形式段落にこだわっていては気づかないことです。日本の国語教育は，形式段落にとらわれすぎて，論理を文章から読み取れていません。

　ところで，このようなアンバランスは，筆者の責任ではありません。正しく言うと，名前が書かれている筆者「富山和子」さんの責任ではありません。この教材は，『森は生きている』（1994，新版2003　講談社）が原典です。この本の章構成は以下の通りです。

　　第一章　日本は森の国です
　　第二章　山国の人たち
　　第三章　森林のはたらき
　　第四章　土こそが人間を守る

　原典では，森林を守る人のことが第二章でしっかり書かれているのに，教材では第一章を中心に書いてあるため，森林を守る人のことは付け足しのようになってしまったのです。このことは，教科書を使った論理の教育がなかなか困難であることを示しています。教材文のアンバランスさは，原典を書き換えることで起きたことでした（ただし，検定などの様々の制約の中で教科書は出版されていることを考慮すると，原典を書き換えることは，日本の教科書事情では仕方がないことでもあります）。

■日常レベルでの論理性は？
　さて，宿題について考えてみましょう。宿題は，「森林のおくりもの」の論理が論理的かどうかを4つのレベルで考えてみましょう，というものでした。ここで改めて4つのレベルの論理性を示しておきます。

(1) ある言葉が，ある学問レベルの妥当性を有している＝トゥルミンモデル的妥当性に適っているのがわかる。

(2) ある言葉が，日常レベルの妥当性を有している＝三段論法と事実の妥当性に適っていることがわかる。

(3) ある言葉に納得する＝私のもっている，優勢な（代表化された）信念に合致している。

(4) ある言葉に説得される＝私のもっている，代表化されない信念に響いている。

ではまず，(2)の論理性を考えてみましょう。「森林のおくりもの」には，2つの論理的関係がありました。まず論理的関係Bから考えます。(2)の論理性は，日常レベルの論理性であり，三段論法と事実の妥当性があるかどうかにかかっています。まず，論拠Bの事実としての妥当性はどうでしょうか。論拠Bの，森林が大昔からの人々の遺産であり，また，現在も山村の人々が山を守っていることは確かなこと，つまり妥当な事実と受け止めていいでしょう。

次に，論拠Bと主張Bが三段論法的につながっているか考えます。この2つがつながるためには，もう一つ次のような隠れた前提Bが必要なようです。

隠れた前提B　森林はすばらしいものである。

この隠れた前提Bは，実は論拠Aの内容でもあります。「森林のおくりもの」はこの森林のすばらしいおくりものについて文章のほとんどを割いているのです。したがって，隠れた前提Bは，論理的関係Bにとっては隠れていても，文章にははっきり現れていると言えます。とにかく，隠れた前提B→論拠B→主張Bは，日常レベルでは，三段論法として十分通用するものと考えられます。

94

では，論理的関係Aの日常レベルの論理性はどうでしょうか。論拠Aについては，文章の多くを割いて書かれています。そしてそこに書かれている，木・紙・火・水・土という森林からのおくりものについては，多くの人が妥当な事実と認めるでしょう。したがって，論拠としての事実の妥当性は保証されていると言えます。

次に，両者の関係ですが，ここでも隠れた前提として，

> 隠れた前提A　私たちの国土は緑豊かである。

というのが必要なようです。この隠れた前提の妥当性は，日常レベルでは（数値的な厳密性の問題ではなく）私たちの中にあると考えていいでしょう。これを間にはさむことで，隠れた前提A→論拠A→主張Aが日常レベルでは無理なくつながるようです。

以上のように，日常レベルでは，論理的関係AもBも論理的と言えそうです。

このことを言い換えると，日常会話でのレベルでは，
「日本は森林が多くて，その森林はいろいろな恵みをくれるから，感謝しなければいけないよね」とか「森林はゆたかな恵みをくれるから，その森林を守ってくれる人も大事にしなくていけないよね」

という話は，ごくふつうにその通りだと受け止められる，ということです。

■「説得される」ための論理

では，(3)，(4)のレベルの論理性はどうでしょうか。

(3)は，2つの論理的関係に納得するかどうかというとであり，自分自身の優勢な信念にこれらの論理的関係が合致していることが必要です。また，(4)は，これらの論理的関係に説得されるということであり，私のもっている，代表化されない信念に響かなければなりません。

まず，論理的関係Aについて考えましょう。

(3)の論理性について考えます。論理的関係Aが示す主張A「わたしたちは，緑豊かな国土に生まれたことの幸せに感謝しなければならない」は，多くの人（私も）が思う信念でしょう。論拠Aをこの文章で初めて知ったものであるにせよ，その主張Aは大人の私たちにとって当たり前のことという感じで受け止められるでしょう。

では，論理的関係Aの(4)レベルの論理性はどうでしょうか。この本でずっとお話しているように，(4)レベルの論理性は，自分のもっている，あまり優勢ではない信念に響いたときに起きることで，それを「説得される」と表現してきました。ところで，論理的関係Aは先ほど見たように多くの人々にと

教材分析の肝 ●第11講

ってその主張Aが優勢な信念であるので，「説得される」ということはありません。つまり(4)レベルの論理性は多くの人々はもっていない，ということになります。

次に，論理的関係Bについて考えます。まず，(3)レベルの論理性について考えます。その中の主張B「森林を育てる仕事のすばらしさ，とうとさを考えなければならない」というのも，多くの人々がもつ信念でしょう。ただし，先ほどの主張Aと異なり，主張Bのほうは，少し優勢さが少ないかもしれません。言い換えれば，主張Aについてはその通りと思っている人が多い一方で，主張Bについては，言われてみればそうだなと思う人が多いかもしれない，ということです。

もし主張Bを読んだ人がそれを当たり前だと思ったら，それは自分の優勢な信念に合致した証拠です。つまり，「納得した」ということになります。その場合は，(4)レベルの論理性（「説得される」）ということはありません。すでにある主張について納得している人を同じ主張について説得することはできないからです。

一方で，もし「森林を育てる仕事がすばらしく尊い」という主張Bを読んだ人が，「へえそうなんだ」と思ったら，この人は，自分の優勢ではない（代表化されない）信念に響いた証拠です。この人にとっては(4)レベルの論

森林を育てる仕事のすばらしさ、とうとさを考えなければならない

97

理性があった，つまり，「説得された」ということになるでしょう。「説得される」ためには「納得していない」前提がいるのです。

■「森林のおくりもの」の論理を子どもはどう捉えるか

ここまでの，論理的関係Ａ，Ｂについての，論理性(2)～(4)をまとめると次のようになります。（論理性の判断は私自身で行っています。なぜなら，論理性(2)～(4)は，主観的な判断だからです）。

	(2)	(3)	(4)
論理的関係Ａ	○	○	×
論理的関係Ｂ	○	○	×

では，小学校５年生の子どもたちにとってはどうでしょうか。あくまでも私の推測ですが，以下のようになると考えました。

	(2)	(3)	(4)
論理的関係Ａ	△	△～×	×～○
論理的関係Ｂ	△～○	×	×～○

論理的関係Ａから説明します。まず(2)レベルの論理性ですが，論理的関係Ａが日常レベルの妥当性を得るためには，隠れた前提Ａ「私たちの国土は緑豊かである」を心にもっていることが必要でした。私のような大人はこの前提をもっているのですが，小学校５年生の子どもたちはどうでしょうか。緑が多いところに暮らす子どもたちはいいでしょうが，都会に住む子どもたちは危ういかもしれません。したがって，△としました。

次に(3)レベルの論理性ですが，小学校５年生の子どもたちは主張Ａの「わたしたちは，緑豊かな国土に生まれたことの幸せに感謝しなければならない」を，優勢な信念としてもっているでしょうか。普段からこのようなこと

教材分析の肝 ● 第11講

を考えている子どもは少ないと考え×としましたが，このような考えをもっている子どももいるかもしれないので△も入れました。

　最後の(4)レベルですが，(3)で△〜×だったからこそ，逆に「説得される」可能性が出てくるので×〜○としました。子どもがほんの少しでももっているかもしれない「緑豊かな国土への感謝」の信念をどう刺激するかにかかっています。

　次に，論理的関係Bについて考えます。まず(2)レベルですが，隠れた前提B「森林はすばらしいおくりものをくれる」ということは教材文のほとんどで子どもたちに示されており，また，そのようなすばらしい森林を育てる人もすばらしいんだということは子どもたちの日常レベルで十分わかる（妥当性がある）ので○としましたが，論理的関係Aのとらえが甘い子どももいるかもしれないと考え，△も入れました。

　一方，(3)レベルについては，多くの子どもたちが主張B「森林を育てる仕事のすばらしさ，とうとさを考えなければならない」ということを，優勢な信念としてもっているとは考えられません。したがって，ここは×としました。だからこそ(4)レベルの論理性，つまり，「説得される」可能性が出てきます。ここでも論理的関係Aと同じように，子どもがほんの少しでももって

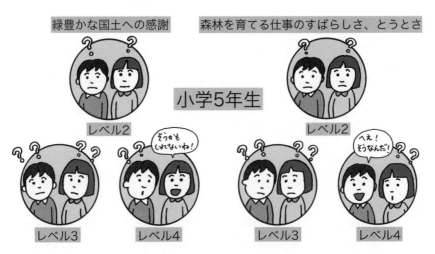

いるかもしれない「森林に関わる人への感謝」の信念を刺激しどうやって育てるかで，変わってくるでしょう。

　こうして考えると，小学校5年生の子どもたちにとっては，「森林のおくりもの」という教材は，日常レベルの妥当性(2)はそれほど高くなく（読んだだけでは頭でわかるレベルに届かない子どもも結構いる），納得するレベルの(3)はほとんど望めず，逆にうまくアプローチすれば(4)レベルの説得されるところにはいけるかもしれない，とまとめられます。

　以上のことを踏まえて，「森林のおくりもの」はどのような授業が可能でしょうか。また，とばしている(1)レベルの論理性はどうなのでしょうか。このことは，次回考えたいと思います。

▌▌今回のまとめ▌▌

・教材「森林のおくりもの」は，大人にとっては，(2)と(3)の論理性はあり，(4)はない。一方，子どもにとっては，(2)はそれほど高くなく，(3)はほとんどなく，(4)には可能性がある。

> **宿題**　「森林のおくりもの」の(1)の論理性はどう考えればいいでしょう。また，「森林のおくりもの」の授業はどうすればいいでしょう。

第12講

論理力がつく授業づくり
―説明文―

　前回は，小学校5年生の教材「森林のおくりもの」の，論理性について検討しました。ここで，もう一度，4つのレベルの論理性を示しておきます。

---

(1)　ある言葉が，ある学問レベルの妥当性を有している＝トゥルミンモデル的妥当性に適っているのがわかる。

(2)　ある言葉が，私の日常レベルの妥当性を有している＝三段論法と事実の妥当性に適っていることがわかる。

(3)　ある言葉に納得する＝私のもっている，優勢な（代表化された）信念に合致している。

(4)　ある言葉に説得される＝私のもっている，代表化されない信念に響いている。

　そして，小学校5年生の教材「森林のおくりもの」について，大人にとっては，(2)と(3)の論理性はあり(4)はない一方で，子どもにとっては，(2)はそれほど高くなく(3)はほとんどなく，(4)には可能性がある，と結論づけました。

　つまり，「森林のおくりもの」は，大人にとっては，日常レベルの論理性があり，また読めば納得する（自分のもっている優勢な信念と合っている）一方で，説得されるということはない（もともとそう思っていることが書かれている）のに対し，小学5年の児童にとっては，日常レベルの論理性は少なく，読んでもあまり納得せず，逆に読むことで説得される可能性があるということが推測される，というわけです。

■「森林のおくりもの」とはどのような文章か？

　さて，宿題のほうです。宿題は，「『森林のおくりもの』の(1)の論理性はど

論理力がつく授業づくり―説明文―●第12講

わたしたちは、緑豊かな国土に生まれたことの幸せに感謝しなければならない

森林を育てる仕事のすばらしさ、とうとさを考えなければならない

大人の捉え　　　　　　　　子どもの捉え

103

う考えればいいでしょう。また，授業はどうすればいいでしょう」というものでした。

このことを考えるためには，この文章が何の学問のために書かれたのか，ということを考えなくてはいけません。

まず，前半の部分を考えてみましょう。

この文章は，林業学の文章でしょうか。環境学や環境保全学の文章でしょうか。もちろん，そのいずれでもありません。前にお話したように，この文章の原典は『森は生きている』という児童書です。そのような文章に，(1)の論理性を求めることはできません。

ある学問の論文は，その学問のためにつくられた学会や学会誌に出され，そこでその学問の専門家に「その学問に合致した論理性」を精査されます。その結果残った研究が，その学問におけるそのときの研究成果として蓄積される資格を得るのです。しかし，そんな論文も他の学問にもっていったら，評価されることは不可能でしょう。このように，学問の成果とは相対的なものです。

ましてや，ある学問（に所属する人）が（それが自然科学であれ，文学研究であれ）一般向けに書かれた，あるいは児童向けに書かれた書籍や文章を，その学問の論理に拠って論理性を云々することはあってはならないことなのです。それは国語科の教科書教材でも同じです。

ということで，「森林のおくりもの」については，(1)の論理性を云々することはありえないのです。

■教科書教材とはどのような文章か？

ここで，国語科の説明文や評論文教材一般の論理性について考えておきましょう。小学校から高等学校までの国語科の教科書には様々な学問領域の文章が，説明文や評論文として掲載されています。これらの文章の論理性はどう考えればいいのでしょうか。

小学校や中学校の説明文教材は，元の原典があるにしろ書き下ろしにしろ，

論理力がつく授業づくり―説明文―●**第12講**

子ども向けに書かれた文章です。また，中・高等学校の評論文は，多くの場合一般の大人向け（一部中・高校生向け）に書かれた文章から採られています。しかし，これらのどの文章も，ある学問の論文であることは稀です。多くの場合，専門家が専門的な知見を子どもや一般大人に向けて書かれたものがほとんどです。

　私は，これらの文章は，子どもや一般の人たちの(2)レベルの論理性を高めるため，言い換えれば，日常レベルの論理性を鍛えるために書いたものと考えます。日常レベルの論理性に必要なのは妥当な事実と三段論法です。筆者たちは，子どもたちや一般の人たちに妥当な事実をより拡大することと三段論法的な思考法の鍛錬とを狙っているのです。

　拡大された（日常レベルの）妥当な事実と鍛えられた三段論法的な思考法とは，ひと言で言えば「教養」です。説明文や評論文は，子どもや一般の人々の「教養」を高めるために書かれていると私は考えます。

　したがって，これらの説明文や評論文が，国語科の教科書に掲載されている理由もわかります。これらの説明文や評論文は，読むことで日常的レベルで使える（元は学問に根ざした）知識を増やし三段論法的な思考を教材を読むたびに行って「教養」を鍛えていく，そのようなことを狙っていると言えます。

　また，説明文や評論文に書かれた根拠（事実）や主張は，それぞれの学年段階の学習者にとってはある程度興味がありつつも意外であったり驚きであったり反発するようなものが多いです。その学年段階の学習者があっさりと納得するような（(3)レベルの論理性がすぐつかめるような）教材では，学習者の「教養」を高めることはできないでしょう。

■教養に基づいた授業づくり

　では，このような説明文や評論文，一般の話を踏まえて，「森林のおくりもの」の授業を考えてみましょう。

　まず，目指すべき学習目標を考えます。

105

日常レベルの論理性を鍛える　教養を高める

　私は，国語科の授業の目標を次のような種類に分けて考えてきました。それは，態度目標／技能目標／価値目標　です。これらは，2017年告示の学習指導要領の内容と次のように対応しています。

　　態度目標……学びに向かう力
　　技能目標……知識及び技能／思考力・判断力・表現力など
　　価値目標……人間性など

　これらを踏まえて，「森林のおくりもの」の学習目標を次のように考えます。なお，以下の学習目標は，2017年告示の学習指導要領に沿っています。

　　態度目標……本単元や教材，授業に興味・関心をもつ。
　　技能目標……事実と感想，意見などとの関係を叙述を基に押さえ，文章全体の構成を捉えて要旨を把握する（学習指導要領　読むこと　アに拠る）。

価値目標……文章を読んでまとめた意見や感想を共有し，森林保護についての自分の考えを広げる（学習指導要領　読むこと力に拠る）。

　次に，授業内容について提案するのですが，その前に考えておきたいことがあります。ここまでの考察では，国語科の説明文や評論文教材では，(1)の論理性ではなく，(2)の日常レベルの論理性を踏まえることが大事だということになりました。では，(3)，(4)についてはどうでしょうか。

　まず，(3)は納得するというレベルでした。これは，教えるべきことではなく，この教材を読むためのスタートラインだと考えました。この教材に納得することから始まるということではなく，納得できるかどうか，また，その理由はどこにあるのかを探ることから始めるのです。

　次に，(4)の説得されるというのは，自分の中の優勢ではない信念に響くかどうか，ということでした。筆者は読者に納得してもらおう，説得しようと考えています。前回の講義で見たように，小学校５年生の児童は，この教材文の主張のような信念を優勢にもっていることは少ないでしょう。ですから，一読で納得するというのはあまりないでしょう。しかし，少しでも筆者の考えに近い信念を優勢ではなくてももっていたら，説得される可能性があります。それは，学習者の優勢ではない信念に響かせるかどうかにかかっています。

　ここで考えなければならないことが２つあります。一つは，筆者の主張について，学習者がそれと同じか近い信念を全くもっていないときにどうするかということです。その場合は，納得できないわけです。これはそのままでいいのでしょうか。

　私はそうは思いません。説得されるかもしれないきっかけも与えないでいいというのは，結局その教材文が，その学習者にとって，まったくの無価値になってしまう，と私は考えます。

　ここで思い出してほしいのが，「教養」ということです。

　小学校〜高等学校の説明文や評論文は，学習者に，日常レベルで力を発揮

する「教養」を向上させてほしいと願って書かれ，採用されていると述べました。その「教養」を，自分の優勢な信念にしろ（つまり納得しろ）というのではなく，学習者自身の複数の信念体系の一つとしてその片隅にでも組み込んでほしいと考えるのです。このことが，学習指導要領のいう，「自分の考えを広げる」ということではないでしょうか。

ですから，説明文や評論文を無批判に受け取るのでもなく，またやたらと批判的（評価的）に読むのでもなく，「ああ，そういう考え方もあるのだな」，「よし，この考えも自分の考えの一部として置いておこう」，というような考え方の授業を行いたいと考えるのです。

もう一つは，説得されるきっかけには，感情がある，ということです。人は，自分の優勢ではない信念に他者の主張が響くことによって説得されます（説得されるとは，優勢ではない信念が優勢になるということです）。なぜ響くのかというと，自分自身の感情が揺さぶられるからです。今まで「そうだ」と思っていたことが揺さぶられることで感情が表れます。ですから，説得されるかどうかは別として，説得される可能性を得るために，つまり，筆者が提示した「教養」を学習者の信念体系の片隅にでも置かせるために，感情の揺さぶりが必要なのです。

■論理力がつく説明文の授業プラン

以上のことを踏まえて，「森林のおくりもの」の授業内容を提案します。ここでは，単元計画の形（第０次〜第３次）で示します。

まず，第０次です。第０次とは，私の造語です。教材文を読む前に，学習者が教材文を読みたくなる，読んだら興味がもてる，そのようにするための準備の時間です。これは，実際の授業で行ってもいいし，学級活動として行ってもいいと思います。

第０次……態度目標の形成

教材文を読む前に，森林の保護について本や資料を読んだり先生の話

論理力がつく授業づくり―説明文―●第12講

を聞いたりして，自分なりの感想をもつ。

第0次は，前もって本や資料を読んだり，先生の話を聞いたりすることで，学習者自身の隠れた信念を刺激したり信念の芽を育てたりするために行います。

第1次……態度目標・技能目標の形成
・教材文を読み，筆者の主張を確認する。
・筆者の主張について納得するかどうか，またその理由について自分の考えを確認する。
・言語活動として，プレゼンテーションのためのポスターにまとめることを知り，単元の見通しをもつ。

第1次では，単元全体の見通しをもって主体的に学習する構えをもつとともに，教材全体の主張を先に押さえておき，この教材の論理的な関係をみていくための準備とします。

主張を確認し，それへの自分の納得度を確認することで，より深くこの教材に入り込めるようにします。また，〈筆者になってのプレゼンテーション〉と〈私自身のプレゼンテーション〉という2つのプレゼンテーションを行うことで，教材文の論理的な関係を，図や絵などを織り込んだプレゼンテーションシート（根拠―理由―主張を図示したものが中心）にして読み取っていき，また，自分の考えも同じようなプレゼンテーションシートを作ることで，発信できるようにします。

第2次……技能目標の形成
・教材文を読み，2つの論理的関係を，根拠―理由―主張を図にしたプレゼンテーションシートにまとめる。
・2つの論理的関係の妥当性を捉えるために，根拠となっている事実の

109

妥当性とその事実から主張につながる三段論法の妥当性を検証し，プ
レゼンテーションシートに書く。
・2つの論理的関係の妥当性が弱いところを補うために，教材文の原典
や他の本や資料を使って根拠となる事実を補って妥当性を高めたり，
三段論法で弱いところを補強したりする。

　第2次では，「森林のおくりもの」の2つの論理的関係をプレゼンテーシ
ョンシートに図示する活動をすることで捉えさせ，また，その妥当性を考え
させます。そのうえで，妥当性が低いところについて，学習者自身が調べて
補うようにします。このようにして，日常レベルの妥当性の検討とその補い
を通して，学習者自身の「教養」を高めることにもつなげていきます。

第3次……価値目標の形成
・あらためて筆者の主張と2つの論理的関係について，納得したかどう
か，また，説得されたかどうかについて，自分の考えを書く。
・上のことも加え，筆者の主張も踏まえて，自分なりの森林保護につい
ての根拠―理由―主張を書き，プレゼンテーションシートにまとめ，
学内で発表会を開く。

　第3次では，第1次で考えた納得度と2次での学習を踏まえた納得度を比
べることで，自分の考えの広がりを実感させます。それを踏まえて，自分な
りの森林保護プレゼンテーションシートを作ります。

　次のページに，単元計画をまとめたものを掲載しておきます。

宿題　　文学教材で，論理力がつくようにするには，どのような授業を
すればいいのでしょうか。

論理力がつく授業づくり―説明文―●**第12講**

小学校５年生教材「森林のおくりもの」論理の力を育てる単元計画案

第０次……態度目標（学びに向かう力）の形成

　教材文を読む前に，森林の保護について本や資料を読んだり先生の話を聞いたりして，自分なりの感想をもつ。

第１次……態度目標・技能目標（読むこと）の形成

・教材文を読み，筆者の主張を確認する。

・筆者の主張について納得するかどうか，またその理由について自分の考えを確認する。

・言語活動として，プレゼンテーションのためのポスターにまとめることを知り，単元の見通しをもつ。

第２次……技能目標の形成

・教材文を読み，２つの論理的関係を，根拠―理由―主張を図にしたプレゼンテーションシートにまとめる。

・２つの論理的関係の妥当性を捉えるために，根拠となっている事実の妥当性とその事実から主張につながる三段論法の妥当性を検証し，プレゼンテーションシートに書く。

・２つの論理的関係の妥当性が弱いところを補うために，教材文の原典や他の本や資料を使って根拠となる事実を補って妥当性を高めたり，三段論法で弱いところを補強したりする。

第３次……価値目標（人間性等）の形成

・あらためて筆者の主張と２つの論理的関係について，納得したかどうか，また，説得されたかどうかについて，自分の考えを書く。

・上のことも加え，筆者の主張も踏まえて，自分なりの森林保護についての根拠―理由―主張を書き，プレゼンテーションシートにまとめ，学内で発表会を開く。

111

第13講

論理力がつく授業づくり
―文学編―

■論理力も大事だけれど

　前回は，小学校5年生の説明文「森林のおくりもの」を教材にした，論理力がつく授業づくりの単元プランを提案しました。今回は，文学教材で，論理力がつく授業づくりを考えてみます。

　しかし，いちばん大事なのは，文学教材そのものを読む力を養うことです。論理力をつけることが優先してしまい，文学を読む力が育っていなくては本末転倒です。文学教材そのものを読む力を育てつつ合わせて論理力もつくこと，できれば，論理力を引き上げながら文学を読む力を育てること，ができればいいでしょう。

　まず，文学教材そのものを読む力を見ておきましょう。ここでは，実質的に小学校共通教材となっている，小学校4年生「ごんぎつね」を取り上げ，考えてみます。

　ここでは，2017年3月に告示された小学校学習指導要領の国語科（新学習指導要領）に従って，学習目標を設定してみます。新学習指導要領によれば，小学校中学年の文学教材の読むことの指導目標は次のようになっています。

　イ　登場人物の行動や気持ちなどについて，叙述を基に捉えること。

　エ　登場人物の気持ちの変化や性格，情景について，場面の移り変わり
　　と結び付けて具体的に想像すること。

　オ　文章を読んで理解したことに基づいて，感想や考えをもつこと。

　カ　文章を読んで感じたことや考えたことを共有し，一人一人の感じ方
　　などに違いがあることに気付くこと。

　第12講で示した，本書における学習目標の枠組みは次の通りでした。

論理力がつく授業づくり―文学編―●第13講

態度目標……学びに向かう力
技能目標……知識及び技能／思考力・判断力・表現力など
価値目標……人間性など

これを踏まえて，「ごんぎつね」の学習目標を次のように考えます。

態度目標……本単元や教材，授業に興味・関心をもつ。
技能目標1……ごんや兵十の行動や気持ちについて，叙述を基に捉える。
　　　　　　（学習指導要領　読むことイに拠る）
技能目標2……ごんや兵十の気持ちの変化について，場面の移り変わりと
　　　　　　結び付けて具体的に想像する。（学習指導要領　読むことエ
　　　　　　に拠る）
価値目標……「ごんぎつね」を読んだ感想をまとめた意見や感想を共有し，
　　　　　　一人一人の感じ方などに違いがあることに気付く。（学習指
　　　　　　導要領　読むことオカに拠る）

これらの学習目標のもとに，論理力育成を考えることになります。

　しかし，ここで考えなければならない，文学作品特有の問題があります。
それは，文学教材で論理を考えるためには，どの対象の論理を扱うかを区別
して考えなくてはいけない，ということです。
　論理は，常に人と人との間で発生するものです。絶対的な論理性，絶対的
な論理の妥当性というものは存在しません。
　この人と人との間というところに，文学作品特有の問題があります。説明
文の場合は，「筆者」―「読者」という簡単な図式で（とりあえずは）考え
ることができます（もちろん，「原筆者」―「編集者」―「読者1（教師）」
―「読者2（学習者)」のように，教室で国語科教科書の説明文教材を使用
する場合は複雑なことが起こりうるかもしれませんが，通常の読書では「筆

113

者」―「読者」という図式のみです）。しかし，文学の場合は，通常の読書であっても，次のような「人と人との間」があります。

登場人物⇔登場人物
　（ある登場人物の心を別の登場人物がどう推論（想像）しているか，またその逆はどうか，ということ）
語り手⇒登場人物
　（語り手が，ある登場人物の心をどう推論（想像）しているかということ。逆方向はない）
読者⇒登場人物
読者⇒語り手
読者⇒作者
　（作者⇒登場人物や作者⇒語り手もありえますが，授業ということを想定しているのでここでは省きます）

さらに，

読者⇒［登場人物―登場人物］
読者⇒［語り手⇒登場人物］
読者⇒［語り手⇒［登場人物―登場人物］］

という関係もありえます。これは，登場人物同士の関係を，読者がどう捉えているか，あるいは，語り手と登場人物との関係をどう捉えているか，さらに，語り手が登場人物同士の関係をどう捉えているかについて読者がどう捉えているか，ということになります。
　これら一つ一つの「人と人との間」において，どのような心がそれぞれ推論（想像されているか）を考えることが，読むための力をつける学習目標の中核になるでしょう（もちろんこのことは小学校中学年からであり，低学年

はそのことの前提となる登場人物の行動・言動の把握が主となります）。

前述の「人と人との間」を対象として文学教材の授業を行うとして，学年の段階と重ねると大体次のようになると考えます。

（小学校中学年）読者⇒登場人物　（登場人物⇔登場人物）（読者⇒作者）

（小学校高学年）登場人物⇔登場人物　読者⇒［登場人物―登場人物］

（中学高校）読者⇒語り手　語り手⇒登場人物

読者⇒［語り手⇒登場人物］　読者⇒［語り手⇒［登場人物―登場人物］］

小学校については，新学習指導要領に従っています。中学高校については，「語り手」を導入することを私は想定しているのでこのようにしました。

このように考えると，「ごんぎつね」の場合は，ごんや兵十の心情を推論する（「読者⇒登場人物」）ことが主となり，ごんと兵十が互いにどう感じていたか（「登場人物⇔登場人物」）というのはやれればやる，新美南吉をどうとらえるか（「読者⇒作者」）もやれればやる，ということになります。

■文学を読む力と論理力育成とのつながり

それでは，これらの「人と人との間」において，文学教材を読むための力をつける学習目標と論理力育成とをどう絡ませればいいでしょうか。

ここで，もう一度，4つのレベルの論理性を示しておきます。

---

(1)　ある言葉が，ある学問レベルの妥当性を有している＝トゥルミンモデル的妥当性に適っているのがわかる。

(2)　ある言葉が，私の日常レベルの妥当性を有している＝三段論法と事実の妥当性に適っていることがわかる。

(3)　ある言葉に納得する＝私のもっている，優勢な（代表化された）信念に合致している。

(4)　ある言葉に説得される＝私のもっている，代表化されない信念に響

115

> いている。

　このうち，国語科では(1)のレベルの論理性は扱わないことはすでに述べました。扱うのは(2)〜(4)のレベルの論理性となります。この(2)〜(4)は，第8講で述べたように，次のように簡単にまとめることができます。

> (2)　妥当性がある……頭でわかる
> (3)　納得する……心でわかる（腑に落ちる）
> (4)　説得される……認識が変わる

　(2)の「妥当性がある」については，事実の妥当性と三段論法に拠って論理性が決まります。文学教材で言えば，登場人物の行動や状況などが事実となります。これは叙述に書いてあります。そして，それらの叙述に基づいて，三段論法で導き出されれば論理性がある，となります。
　なお，叙述（事実）と推論結果（登場人物などの心情）の間を「理由づけ」が埋めるとしたら，それは，第7講で述べた三角ロジックになります。ただ「理由づけ」が加わっても，妥当性が増すわけではありません。
　第7講で述べたように，三角ロジックの妥当性は，事実や理由づけの妥当性で決まります。その事実や理由づけの妥当性は，次のようなもので決まるとしました。

　　直接観察／直接観察の記録／記憶／証言／以前行った推論や論証／専門　　家の意見／権威のあるレファレンスブック

（Hitchcock, D. 2006による）

　こうしてみると，文学教材の授業における，(2)の妥当性を担保してくれそうなのは，読者の記憶（体験）ぐらいです。つまり，(2)の妥当性は，文学教材の叙述に見られる事実（例えば，登場人物の行動や言動）と読者の体験に

由来する理由づけによって保証されるということになります。

　次に(3)の「納得する」ということです。「納得する」ことは，それを受け止める人が既にもっている信念（考え方）に合致していればいるほど，その度合いが高まります。自分が既にもっている優勢な信念（その人の主な考え方）に合っていれば，人間は「納得」してしまう，ということでした。

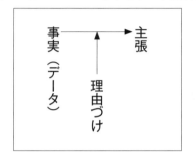
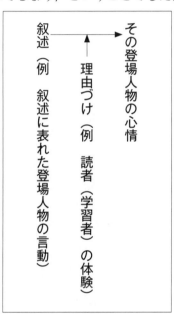

　ここに，文学教材の授業の難所があります。例えば，「ごんぎつね」の最後の場面において，「ごんは，ぐったりと目をつぶったまま，うなずきました」という叙述があります。この叙述から，ある児童が「ごんは，撃たれたことに納得している」という心情を推論したとします。そして，「なぜあなたは，そう考えたの？」と尋ねられて「理由づけ」を確認してみたら，「兵十に尋ねられてうなずくのは納得しているから。もし撃たれたことに納得していなかったら，たとえ質問されてもうなずかない」と答えたとします。その場合，その児童は次ページの図のように自分の論理を提出しています。そして，その論理は，自分の今までの経験から，そのように考える考え方（信

117

念）がまずできていて，その信念に基づいて，その論理を導き出したと考えられます。

このとき，他の児童が「あきらめの気持ち」と答え，また別の児童が「わかってもらえてうれしい気持ち」と答えたとします。これらの答えはすべて，それぞれの児童の中にある，「経験によってつくられた優勢な信念（考え方）」によって，選ばれたものです。

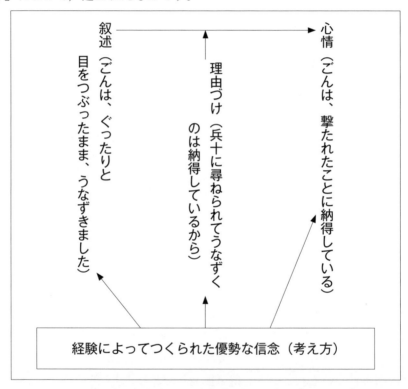

この経験には，学習者自身の人生の経験もあれば，学校ではこう答えたほうが教師が喜ぶといった経験もあるでしょう。学校内外の様々な経験から，学習者は自分の優勢な信念をつくり，答えているのです。つまり，文学の授業で学習者同士が議論するときは，考えが戦わされているというよりも，「**考え方（信念）が戦わされている**」といったほうが適切なのです。

論理力がつく授業づくり―文学編―●第13講

　さて，これらの考えの中に，何か唯一の正解があるでしょうか。もちろんありません。登場人物の心情は，そもそも一つのもの（単一の気持ち）ではないでしょう。だから，複数の気持ちの，それぞれの部分を学習者が答えているとも言えます。また，登場人物のすべての行動や言動が文学作品に関われているわけではないのですから，気持ちを絞りきることはなかなか難しいです。ですから，登場人物の心情について，「これが唯一の答えだ」というのはありえません。

　教師も学習者もそれぞれ様々な人生経験を歩んでいます。児童がいかに年齢が低いと言っても，教師よりも様々な人生経験を歩んでいる児童はざらにいます。教師も学習者も自分の人生経験から，無数に考えられる推論のうちの一つを選び取って答えているのです。したがって，「どれもが正解」というのが，「論理的」なのです。そして，これらの考え方を聞き，自分との違いに気づきます。

　先に示した，新学習指導要領中学年の「カ　文章を読んで感じたことや考えたことを共有し，一人一人の感じ方などに違いがあることに気付くこと」はまさしくこのことを目標にしています。この指導事項は，文学を読むことの論理的帰結なのです。したがって，「ごんぎつね」の授業でも盛り込む必要があります。

　では，(4)の論理性（説得される）はどうでしょう。文学の授業でのやりとりは，信念と信念のぶつかり合いでした。しかしその中で，「ああそういう考え方もあるんだな」と，他の人（児童，教師）の考えに説得させられることもあると思います。それが，(4)の論理性です。このとき，その人の考え（推論した心情）は，別の人の，優勢ではない（隠れた）信念（考え方）を引き出したのだ，と言えます。そして，そう感じた他の人は，自分の中に，複数の考え（推論された心情）があることを実感します。

　これが，文学教材の授業の醍醐味です。人の考えを聞いて，自分の中の，隠れた考え方（信念）に気づくのです。新学習指導要領の読むことの高学年の指導事項カ「文章を読んでまとめた意見や感想を共有し，自分の考えを広

げること」は，これに当たります。これは，高学年の目標ではありますが，私は４年生ぐらいからこの目標も取り入れたいと考えます。

　以上のように考えていくと，文学教材を読むことの学習目標と，論理力育成とはそれほど隔たっておらず，むしろ重ねることができそうです。以下にそれを示します。

態度目標……本単元や教材，授業に興味・関心をもつ。
技能目標１……ごんや兵十の行動や気持ちについて，叙述を基に捉える。
　　　　　　　（学習指導要領　読むことイに拠る）
　　→この部分は，論理の出発点となる，叙述（事実）を確認するところ
　　　になります。登場人物などの行動や言動，加えて，叙述に明確に書
　　　かれている気持ち（語り手が地の文で代弁しているところなど）も
　　　押さえることになるでしょう。
技能目標２……ごんや兵十の気持ちの変化について，場面の移り変わりと
　　　　　　　結び付けて具体的に想像する。
　　　　　　　（学習指導要領　読むことエに拠る）
　　→この部分は，(2)の妥当性と(3)の納得するところを合わせて行うとこ
　　　ろです。いずれにしても，基にした叙述（事実）とそこから読み取
　　　った気持ちなどに加えて，理由づけも入れることで，論理が明確に
　　　なります。
価値目標……「ごんぎつね」を読んだ感想をまとめた意見や感想を共有し，
　　　　　　一人一人の感じ方などに違いがあることに気付く。
　　　　　　（学習指導要領　読むことオカに拠る）
　　→最後の段階では，児童自身が（そして教師も）想像した，ある登場
　　　人物の気持ちを考えていく論理の，その基盤には，各自の信念（考
　　　え方，学習指導要領では感じ方）があるということを意識します。

論理力がつく授業づくり―文学編―●第13講

　文学教材の授業では，「どこから考えたのか」に加えて，「あなたがそう考えるわけは何か」を確かめること，できれば，「そのわけのわけは何か」まで意識させるようにしたいです。そして，「○○さんの考えの奥にはこういう考え方（感じ方）があるんだね」ということを互いに確かめ合いたいと考えます。

　こうすることで，考え（主張）の基盤にある考え方（信念，感じ方）について「一人一人の感じ方などに違いがあることに気付く」ことができると考えます。場合によっては，高学年の指導事項である「自分の考えを広げること」まで行けるでしょう。

　そして，これら一連の授業では，いつも理由を学習者が言えるようにしていくことが，論理力を培う授業になります。どんな理由でも，その理由を明示化していくことが，相手との論理的な対話の重要な基盤になるからです。

■論理力がつく文学の授業プラン

　以上のことを踏まえて，「ごんぎつね」の授業内容を提案します。ここでは，単元計画の形（第0次～第3次）で示します。

　まず，第0次です。教材文を読む前に，学習者が教材文を読みたくなる，読んだら興味がもてる，そのようにするための準備の時間です。これは，実際の授業で行ってもいいし，学級活動として行ってもいいと思います。

第0次……態度目標の形成

　教材文を読む前に，新美南吉作品を学級に並べて読んでおいたり，登場人物同士がすれちがってしまう作品を読んだりしておく。

　第0次は，前もって関係する作品を読むことで，学習者自身の考え方を柔軟にし，「ごんぎつね」を読んだときに，いろいろな想像ができる準備をします。

121

> **第1次……態度目標・技能目標の形成**
> ・ごんや兵十の行動や気持ちについて，叙述を基に捉える。
> ・誰が，いつ，どこで，何をしたかを場面ごとにまとめざっくりと心情
> 　曲線にし，それらを「ごんぎつね」解説パンフレットにまとめる言語
> 　活動をする。合わせて，両者の性格についてもパンフレットにまとめ
> 　る。
> ・第2次で考えたいナゾを考える。

　第1次では，単元全体の見通しをもって主体的に学習する構えをもつため
に，ざっくりと教材全体をつかみます。場面ごとの4W1Hを押さえた後，
それぞれの場面の，ごんと兵十の気持ちの変化をざっくり捉えていきます。
　それを行いながら，第2次で話題にしたい箇所（ナゾの部分）を考えてい
くことにします。時間数をかける必要はありません。

> **第2次……技能目標の形成**
> ・ごんや兵十の気持ちの変化について，場面の移り変わりと結び付けて
> 　具体的に想像する。
> ・第1次で考えたナゾを，場面ごとに，あるいは，人物ごとに考えてい
> 　く。その後，学習者の考えたナゾをクラスで考えるナゾ，グループ独
> 　自で考えるナゾ，個人で考えるナゾに分け，それぞれ考えて，「ごん
> 　ぎつね」解説パンフレットにその回答と理由を書く。
> ・それぞれのナゾについて，グループ・クラスなどで議論し，バージョ
> 　ンアップした回答と理由を別途解説パンフレットに書いていく。

　第2次では，ごんや兵十の気持ちの変化ついて具体的に想像するために，
第1次で出し合ったナゾを解いていく言語活動を手段として用います。その
ナゾを解くことが，気持ちの変化を想像することにつながるのです。個人・

122

論理力がつく授業づくり―文学編―●**第13講**

　グループ・クラスで選んだナゾをそれぞれが解いていく中で，自分と他の人との回答とその理由の違いを意識していき，第3次につないでいきます。

　第3次……価値目標の形成

　・「ごんぎつね」を読んだ感想や意見（ここでは，各自で考えたナゾとその回答，理由を指す）を共有し，一人一人の感じ方などに違いがあることに気付く。

　・第2次で考えたナゾと回答，理由について，それぞれの回答と理由のどこがどう違っているのか，それはなぜかを考え合い，それを「ごんぎつね」解説パンフレットに書き，最後に感想も記す。

　第3次では，第2次で書いたナゾと回答，理由をそれぞれ比べ合い，どこがどう違っているのかについて，各自の考え方（信念，感じ方）の違いまで考えさせるようにします。そして，そのような様々の考え方（信念，感じ方）を引き起こす「ごんぎつね」について改めて感想を書かせて終わります。

　次のページに，単元計画をまとめたものを掲載しておきます。

■論理力を育成するとは，自分の「考え方」を広げていくということ

　ここで2つの留意点があります。一つ目は，小学校高学年以降の授業についてです。小学校高学年以降では，ここで示した単元にあるような「読者⇒登場人物」に加えて，「登場人物―登場人物」や「読者⇒［登場人物―登場人物］」が出てきます。これは，登場人物同士がどのように相手を捉えているか，ということです。この場合は，登場人物が相手の行動や言動をどこまで見ているかを把握しなければなりません。また，語り手が，どちらの登場人物に入り込んでいるか（どちらの登場人物が視点人物か）によって，心情表現の量が異なってきます。したがって，より丁寧な読解が必要となってきます。

123

小学校４年生教材「ごんぎつね」論理の力を育てる単元計画案

第０次……態度目標の形成

　教材文を読む前に，新美南吉作品を学級に並べて読んでおいたり，登場人物同士がすれちがってしまう作品を読んだりしておく。

第１次……態度目標・技能目標の形成

・ごんや兵十の行動や気持ちについて，叙述を基に捉える。

・誰が，いつ，どこで，何をしたかを場面ごとにまとめざっくりと心情曲線にし，それらを「ごんぎつね」解説パンフレットにまとめる言語活動をする。合わせて，両者の性格についてもパンフレットにまとめる。

・第２次で考えたいナゾを考える

第２次……技能目標の形成

・ごんや兵十の気持ちの変化について，場面の移り変わりと結び付けて具体的に想像する。

・第１次で考えたナゾを，場面ごとに，あるいは，人物ごとに考えていく。その後，学習者の考えたナゾをクラスで考えるナゾ，グループ独自で考えるナゾ，個人で考えるナゾに分け，それぞれ考えて，「ごんぎつね」解説パンフレットにその回答と理由を書く。

・それぞれのナゾについて，グループ・クラスなどで議論し，バージョンアップした回答と理由を別途解説パンフレットに書いていく。

第３次……価値目標の形成

・「ごんぎつね」を読んだ感想や意見（ここでは，各自で考えたナゾとその回答，理由を指す）を共有し，一人一人の感じ方などに違いがあることに気づく。

・第２次で考えたナゾと回答，理由について，それぞれの回答と理由のどこがどう違っているのか，それはなぜかを考え合い，それを「ごんぎつね」解説パンフレットに書き，最後に感想も記す。

さらに中学高校以上では，「読者⇒［語り手⇒登場人物］」「読者⇒［語り手⇒［登場人物―登場人物］］」といったように，「語り手」を介在させて考えていくことが必要な文学教材が多くなってきます。この場合は，「現実世界」と「登場人物の世界」に加えて「語り手の世界」を想定し，それぞれで推論（想像）していくことになります。

しかし，いずれの場合も，論理性という観点からは，ここまで述べたことと変わりはありません。叙述（事実＝人物の行動や言動）を押さえること，自分の理由づけを押さえること，自分の理由づけの背後にある自分の考え方（感じ方，信念）を互いに意識すること，その考え方の違いを知り，自分の考え方を広げること（優勢ではない信念のレベルを上げること）になります。

２つ目は，(4)の説得されるという部分です。これは，自分の優勢ではない信念（考え方，感じ方）が，相手によって引っ張り出されるということですが，これは，実は，文学教育でよく言われる〈転換〉〈変換〉〈大きく変わる〉ということに相当すると考えられます。

例えば，「ごんぎつね」でごんは，兵十のおっかあの葬式に出会い，〈大きく変わる〉ことになります。これは，ごん自身がすっかり心を入れ替えたのではなく，ごん自身がもともともっていた優しさが表に現れたとみることができます。つまり，ごんは，兵十のおっかあの葬式に出会って「説得された」状態になったのです。

こう考えると，多くの文学作品は，ある人物が，ある人物や出来事に出会って変わる（〈転換〉〈変換〉〈大きく変わる〉）ことが描かれていますが，論理的な観点で言えば，それまで優勢だった自分の信念とそうでない信念とが入れ替わる，つまり，説得された状態になる，と言えるのです。

とすると，どうしてその人物が，説得された状態になったのか，そこにはどんな理由があるのかが知りたくなります。その理由を文学作品は明確に示すのではなく，出来事の中で表現していると言えます。

私たち読者は，その〈転換〉（＝説得された状態）がなぜ起きたのかを，

その人物の世界に入り状況をともに生きつつ考えながら，一方で，自分自身の人生をも重ねて考えていくようになります。これが，私の言う「典型化」というものです（「典型化」については，難波（2007）を参照してください）。

それは，現実世界では，この〈転換〉がなかなか起きにくいことの現れでもあります。現実世界ではなかなか現れない〈転換〉であるからこそ，作品世界の中で起きた〈転換〉に読者は衝撃を受け，その理由を考えざるを得ないようになります。つまり，〈転換〉が読者に，論理的思考を要求してくるのです。

さらに，一つ目の留意点で述べましたが，文学教材の授業では，学習者が（教師も）他の人の意見の背景にある考え方を知り，自分が説得される（優勢ではない信念のレベルを上げる）ことを目指します。つまり，学習者自身に，この〈転換〉を求めることになるのです。二重の〈転換〉があること，起こすことが，文学教材の授業の醍醐味なのです。

そう考えると，文学教材は，論理力を育成するのにぴったりの教材ジャンルと言えます。そのことを活かすためには，捉えることと，想像すること，そして，理由や考えの根底にある人々（そこには，学習者も，教師も，登場人物も，語り手も，作者も含まれます）の「考え方」の違いに気づき，できれば，そこで自分の「考え方」を広げていくような授業を行いたいと考えます。

［参考文献］
難波博孝・三原市立三原小学校（2007）『文学体験と対話による国語科授業づくり』明治図書
Hitchcock, D. & Verheij, B.（2006）' Intoroduction' *Arguing on the Toulmin Model*, Dordrecht, Springer-Verlag.

おわりに

本書は，雑誌『教育科学国語教育』2011年4月から2012年3月まで連載した「これからの『論理』の話をしよう―今を幸せに生きるために―」に，加筆修正したものです。特に，2016年から2017年にかけて中央教育審議会答申や新学習指導要領が告示されたので，それらを踏まえたものになっています。

ある人が「論理は化け物だ」と言いました。これは，論理というものが捉えどころがないという意味でもありますし，関わるとろくなことがない，という意味でもあります。確かに，「論理は化け物」だと私も実感します。

ただ，この化け物は，結構可愛いです。慣れれば，いろいろなことを教えてくれます。そう，論理という化け物（モンスター）をうまく扱う，モンスタートレーナーになれば，人生を生き抜くすばらしいパートナーになると私は考えています。

本書は，小中高の先生方が，論理というモンスターのトレーナー（ロジカルモンスタートレーナー，略してロジモントレーナー）を目指すために書きました。本書を使ってロジモントレーナーとなり，うまく論理モンスターを手なづけて，授業をつくっていただきたいと思います。そして，児童や生徒もロジモントレーナーに育てていっていただきたいと思います。

本書を刊行するに当たって，明治図書の林 知里さんには，細かい支援をたくさんいただき，ありがとうございました。また，的確なイラストを書いてくださり，ともに，ロジモンアドベンチャーの道を歩んでくださった画家の小松順子さんには，私の処女作に続きお世話になり，感謝申し上げます。

難波　博孝

【著者紹介】
難波　博孝（なんば　ひろたか）
広島大学大学院教育学研究科教授，博士（教育学）。
1958年兵庫県姫路市生まれ。1981年に京都大学大学院言語学専攻修士課程を修了。私立報徳学園中学校・高等学校に奉職後，国語教育を研究するために退職し，神戸大学大学院教育学研究科修士課程国語教育専攻に入学，浜本純逸先生のもとで勉強する。修了後，予備校教師，愛知県立大学文学部児童教育学科を経て，2000年4月から広島大学に異動，現在に至る。

[本文イラスト] 小松順子

国語教育シリーズ
ナンバ先生のやさしくわかる論理の授業
―国語科で論理力を育てる―

2018年2月初版第1刷刊	©著　者	難　波　博　孝
2021年7月初版第3刷刊	発行者	藤　原　光　政
	発行所	明治図書出版株式会社

http://www.meijitosho.co.jp
（企画）林　知里（校正）井草正孝
〒114-0023　東京都北区滝野川7-46-1
振替00160-5-151318　電話03(5907)6703
ご注文窓口　　　　電話03(5907)6668

＊検印省略　　　　組版所 株式会社カシヨ

本書の無断コピーは，著作権・出版権にふれます。ご注意ください。

Printed in Japan　　　　ISBN978-4-18-167217-1
もれなくクーポンがもらえる！読者アンケートはこちらから →